BERNADETTE BRADY

Astrologie zwischen Chaos und Kosmos

Standardwerke der Astrologie

BERNADETTE BRADY

Astrologie zwischen Chaos und Kosmos

Schicksal, freier Wille und die Ordnung des Lebens neu gesehen

Aus dem Englischen übersetzt von Reinhardt Stiehle

CHIRON VERLAG

Für Ysha
Für die vielen Jahre der Debatte

Deutsche Erstausgabe
1. Auflage 2008
© der deutschen Ausgabe Chiron Verlag, 2008
© Bernadette Brady 2006
Titel der Originalausgabe: Astrology a Place in Chaos

Umschlag: Walter Schneider, Stuttgart

Druck: Druck Finidr, Český Těšín

Zu beziehen über den Buchhandel oder direkt beim
Chiron Verlag, Postfach 1250, D-72002 Tübingen
www. chironverlag.com

ISBN 978-3-89997-163-7

Inhalt

Vorwort 11

Zwei Welten – Kosmos und Chaos 15

Jenseits des eingezäunten Gartens   22
Die Welt, wie sie durch chaotische Schöpfungsmythen
definiert wird   28
Ritual und Wiederholung im chaotischen Paradigma   33
Astrologie und die Welt jenseits des Gartenzaunes   37
Der eingezäunte Garten – der Wunsch, für sich zu sein   39
Die Beseitigung des achten Tages – ein Ende für die Zyklen   41

Der Krieg der Welten 46

Wie der Kosmos den Westen gewann – die frühen Jahre   51
Die Vorherrschaft des kosmischen Paradigmas   56
Astrologie im intellektuellen Getto   61
Die astrologischen Reformer – der lange Weg des Versagens   62
Die Astrologie sucht die Anerkennung
als Heilige Wissenschaft   66
Leben im Getto   68

Chaos für Anfänger – Tiâmat rührt sich 70

Die Leere ist nicht so leer, wie der Kosmos dachte   72
Ein Blick in die Leere – die Fraktale   78
Selbstähnlichkeit und Skaleninvarianz– wie sich
das Leben durch die Zeit bewegt   82
Die Sprache des Chaos   86

Entropisches und deterministisches Chaos   86
Komplexe Systeme – ein Ort, an dem
die Schöpfung geschieht   88
Bifurkationen und Häufungspunkte –
Zeit und Ort der Veränderung   90
Seltsame und andere Attraktoren   93
Attraktionssenken   98
Phasenporträts – der Überblick eines chaotischen Systems   100

Wo Chaos und Astrologie sich begegnen 104
Das Horoskop und das Phasenporträt   108
Planetenstrukturen und seltsame Attraktoren   111
Häufungspunkte und die sensiblen Punkte eines Horoskops   116
Homöostase – unser Widerstand gegen Veränderung   118
Zyklen in der Astrologie – Selbstähnlichkeit
und Skaleninvarianz   119
Die Unsterblichkeit des Horoskops und der Strukturen   124
Familienhoroskope   125
Lock-In, ein Planet kommt zu seiner Bedeutung   127
Aspektfiguren   128
Weder Wissenschaft noch Religion – Einblicke
in das Wesen Astrologie   131

Leben in einem Fraktal 135
Fraktale und Schicksal   136
Fraktale persönlich nehmen   137
Leben mit seltsamen Attraktoren   144
Zufälliges Glück, Synchronizität und seltsame Attraktoren   145
North Parade Passage Nr. 4, Bath, England   149
Teleologie – ein seltsamer Attraktor in Funktion   151
Mythen und Muster   153
Eine Frage von Charisma und Fraktal   155
Das Ganze in dem Einen, das Eine in dem Ganzen   156

Chaos-Astrologie in der Praxis 159

Den Rand des Chaos finden 159
Fitnesslandschaften – Die Geschichte des Klienten und seine
Bedürfnisse 164
Vorhersagen, Häufungspunkte, Gabelungen und
Homöostase 176
Ritual und Routine – ein Mittel, um mit der entstehenden
Ordnung zu arbeiten 179
Selbstähnliche Vormittage, selbstähnliche Montage … 181
Kreative Tuchfühlung mit dem Chaos 183
Der Blick des Chaos-Astrologen auf das Schicksal 188
Die Rolle des Chaos-Astrologen – ein letzter Punkt 190

Danksagung 192

Über die Autorin 193

Glossar 194

Bibliografie 200

Anmerkungen 207

.

Vorwort

Medizin mit Poesie, Wissenschaft mit Seele, Weissagungen ohne die Götter ...:

Die Entdeckung der Chaos-Theorie und der Komplexität hat die mechanistischen Augen der Wissenschaft für den eigentlichen Kern an Erkenntnissen geöffnet, von dem wir instinktiv schon seit Anbeginn der Zeit wussten. Indem die Wissenschaft über das Chaos stolperte, fand sie zufällig einige der Prinzipien der nicht-mechanistischen Welt: die Welt des Lebendigen und die Welt, die das Leben unterstützt. Als ein Ergebnis dessen kam eine neue Sprache zum Vorschein, die von den weichen Wissenschaften wie Psychologie, Soziologie oder Anthropologie übernommen wurde, eine neue Sprache, welche es diesen verschiedenen Bestandteilen des Wissens ermöglicht, eine eindeutigere Stimme zu finden.

Ich bin davon überzeugt, dass diese neue Stimme auch neue Einblicke in die polarisierende Debatte über die Rolle der Astrologie in der westlichen Kultur eröffnen kann. Diese Diskussion über das eigentliche Wesen der Astrologie pendelt bisher zwischen zwei starren Positionen. Die eine Seite befürwortet den Standpunkt, dass die Astrologie dem Newtonschen Paradigma unterliegt und damit eine Wissenschaft ist, die noch immer nach ihrem kausal wirksamen Prinzip sucht. Die andere Seite erklärt, dass die Astrologie ihrem Ursprung nach spirituell oder göttlich sei. Aber diese Diskussion ist in Wahrheit eine Auseinandersetzung über die Natur der Kausalität. Die wissenschaftliche Position sucht eine messbare Ursache, während die spirituelle Position Gott oder den Göttern die Rolle des kausalen Wirkens zuteilt.

Die Entdeckungen der Chaos-Theorie und der mit ihr verwandten Komplexitätstheorie legen einen möglichen Ausweg aus dieser Sackgasse nahe, denn beide zeigen eine dritte Orientierung auf, die der Astrologie keine kausale Begründung abverlangt, sei diese nun physikalischer oder übernatürlicher Art. Das Denken der Chaos-Theorie ermöglicht der Astrologie, aus beiden argumentativen Ansätzen jeweils das Beste zu nehmen. Es verleiht der Astrologie eine von der Allgemeinheit akzeptierte Stimme und gestattet ihr gleichzeitig, ihr Mysterium und ihr Staunen durch eine Form der Divination oder das Lesen der Strukturen zu erhalten, aber *ohne* kausale Götter.

Zusätzlich und unabhängig von dieser Diskussion können Astrologen die Neuentdeckungen in der Chaos-Theorie und der Theorie des Komplexen anwenden, um einige der immer während Fragen der Astrologie wieder aufzugreifen wie etwa: »Was ist Astrologie eigentlich überhaupt?« »Warum ist die Astrologie so beständig in unserer Kultur?« »Warum wird die Astrologie so verunglimpft?« Dazu gehören aber auch mehr philosophische Fragen wie: »Was ist die Funktion von Schicksal und freiem Willen im Horoskop?«

Es ist ein Anliegen dieses Buches, diese Fragen näher in Augenschein zu nehmen. Wir sollten uns bei diesem Unterfangen jedoch vor übertriebener Begeisterung hüten. Ein Sprichwort besagt, dass jede Generation dasjenige Stonehenge bekommt, das sie verdient. Diese Redensart erinnert uns daran, dass der majestätische und megalithische Ort aus Stein und Geschichte nahe bei Salisbury ein Rätsel ist, das auch die gegenwärtigen Bedürfnisse der Gesellschaft reflektiert. Die Metapher dieses Sprichworts passt auch gut zur Astrologie: Jede Generation ruft die Astrologie ins Leben, die sie benötigt oder begehrt. So wie die westliche Kultur davon abkommt, das Newtonsche Modell als die allgewaltige und unumstößliche Weltanschauung anzusehen, so können die Findungen der Chaos-Theorie und der Theorie der Komplexität, kombiniert mit Astrologie, für viele von uns eine Offenbarung sein. Aber dieser Enthusiasmus mag verblassen, wenn wir dieses Paradigma von einer anderen Zeit und von einem anderen Ort her betrachten.

Mit diesem Warnsignal im Hinterkopf habe ich im letzten Kapitel dieses Buches einen astrologischen Zugang definiert, den ich als »Chaos-Astrologie« bezeichnet habe. Es liegt mir allerdings fern, die Astrologie in einen primitiven Nebenzweig der Chaos-Theorie zu verkehren. Ich möchte mir vielmehr nur die Vorgehensweise anderer Wissensgebiete zueigen machen, sobald diese die Chaos-Theorie in ihren Themenkatalog aufnehmen – Chaos-Biologie, Chaos-Ökonomie, Chaos-Psychologie usw. Viele Astrologen, die meinen Versuch zur Kenntnis nehmen, die Praxis der Chaos-Astrologie zu definieren und zu erforschen, werden feststellen, dass ihr bisheriges Verständnis von Astrologie bereits in Richtung Chaos geht. Davon bin ich fest überzeugt.[1] In Anlehnung an einen Ausspruch des französischen Sozialisten Bruno Latour meine ich, dass Astrologie nie modern, sondern immer chaotisch war.

Schließlich ist diese Arbeit eine Einführung in die neuen Ideen von Chaos und Komplexität, angewandt auf das Gebiet der Astrologie. Zum gegenwärtigen Zeitpunkt sind diese Ideen überwiegend theoretischer Art. Alle empirischen Schlüsse habe ich aus den Erfahrungen meiner eigenen Praxis als Astrologin gezogen. Es sind noch sehr viel mehr Forschungen nötig, bevor wir als Fachgemeinde wirklich Vertrauen in die Vernetzung von Astrologie und Chaos-Theorie haben können. So ist es das einfache Ziel dieses kleinen Buches, die Möglichkeiten für dieses Netz aufzuzeigen, bevor wir beginnen können, die Divination ohne die Götter zu erforschen.

Bernadette Brady
Bristol, UK
im Mai 2006

Zwei Welten – Kosmos und Chaos

Das erste, was ich in der Schule gelernt habe und an das ich mich noch erinnern kann, war, dass *Gott die Welt erschuf.* Diese Aussage, die sich aus vier kleinen Worten zusammensetzte, glitt leicht in meinen Verstand und wurde, ohne dass ich es wusste, der große Grundstein, auf dem alles andere aufbaute. Zu jener Zeit verstand ich die Kraft in dieser Aussage noch nicht, denn deren Macht liegt nicht in der majestätischen Poesie oder in der Schönheit der Sprache, sondern vielmehr in deren Begleiterscheinungen. Ein eindeutig logisches Wesen beschloss, die Welt zu erschaffen. Ein kunstfertiger Gott, ein Wesen jenseits des Seins, entwarf, plante und konstruierte die Welt, in der wir leben.

Am Anfang schuf Gott Himmel und Erde. Und die Erde war wüst und leer, und es war finster auf der Tiefe; und der Geist Gottes schwebte auf dem Wasser.

Und Gott sprach: Es werde Licht! Und es ward Licht. Und Gott sah, dass das Licht gut war. Da schied Gott das Licht von der Finsternis und nannte das Licht Tag und die Finsternis Nacht. Da ward aus Abend und Morgen der erste Tag.[1]

In dieser biblischen Schöpfungsgeschichte folgt eine Handlung schlüssig aus der anderen, und jede Aktion liefert die Basis oder den Ausgangspunkt für die nächste. Am Anfang erschuf Gott das Licht, indem er es von der Dunkelheit trennte. Dadurch entstand der Abend, von dem die erste Dämmerung entstammt.

15

Nachdem die Vorstellung des Tages ins Leben gerufen war, trennte Gott den Himmel von der Erde und erschuf das Firmament. Am zweiten Tag trennte er das Wasser von der Erde, um das Land zu schaffen, und er erzeugte das Pflanzenreich, damit es auf dem trockenen Land wachsen möge. Am dritten Tag schuf er die Sonne, den Mond und den Sternenhimmel, damit diese als Symbole für die Jahreszeiten leuchteten. Am vierten Tag schuf Gott das Leben in den Meeren und am fünften Tag das Leben auf dem trockenen Land. Am sechsten Tag schuf Gott den Menschen nach seinem eigenen Bild und verlieh ihm die Herrschaft über alle Geschöpfe. Am siebten Tag ruhte er sich aus und gab der neu von ihm gefundenen Ordnung die Idee von einem heiligen Tag.

Dieser Mythos berichtet, dass die Schöpfung von einem einzigen Geist mit einem klaren Plan voran getrieben wurde. Der Plan wurde systematisch Schritt für Schritt umgesetzt; und sobald ein weiterer Schritt stattfindet, trifft dieser Geist ein Werturteil über die eigene Arbeit. Schon gleich am Anfang dieses Schöpfungsmythos lässt die kreative Kraft der Ordnung verlauten, dass das Licht gut ist, und dass im Umkehrschluss die Dunkelheit schlecht und deshalb zu meiden sei. Dies ist eine wirkungsvolle Geschichte, denn sie erzählt uns, wie die Dinge in unserer Welt laufen, einer Welt, die von einem kunstfertigen Gott erschaffen wurde. Dieser Mythos berichtet uns, dass die Welt auf logische und kausale Weise erschaffen wurde, und jeder neue Zustand, der in dieser Welt entsteht, wird deswegen ebenso auf eine logische, kausale Weise entstehen. So konnten alle die Dinge in der Welt, in der ich zu leben glaubte, nur logischer Art sein. Alles musste eine Ursache haben, die man entdecken konnte; und falls ein Zustand einmal nicht auf einer kausalen Wirkung beruhte, dann war es kein wirklicher Zustand, sondern einfach nur Illusion.

Für die Tatsache, dass meine Großmutter immer zu wissen schien, wann sich etwas ereignen würde, gab es keine rationale oder logische Erklärung und auch keine kausal erklärliche

Wirkung. Folglich war dies das eingebildete falsche Verständnis meiner Familie von einer Reihe von Zufallstreffern.

Die Tatsache, dass mein Onkel zu drei verschiedenen Gelegenheiten bei der staatlichen Lotterie gewonnen hatte, war nur ein erstaunlicher Zufall, denn es so etwas wie ein »Glückskind« gab es nicht.

Von der Tatsache, dass der älteste Sohn in fast allen Linien meiner Familie über viele Generationen hinweg schon im Jugendalter todkrank wurde, konnte man nur an der Schwelle des Todes durch verzweifelte Gebete erlöst werden. Die sterblichen Überreste waren einfach die bedeutungslosen Kleinigkeiten des Lebens, für meine Familie ein merkwürdiger Zufall ohne Gesetzmäßigkeit. Die Welt war ein logischer und geordneter Ort. Sie wurde von einem Ausdruck der Ordnung (Gott) geschaffen und würde in dieser Weise weiter funktionieren bis in alle Ewigkeit.

Als ich älter wurde und mehr und mehr die Offensichtlichkeit des keltischen Mystizismus ignorierte, der sich schichtweise durch meine Familie zog, lernte ich, dass das Leben auf der Erde durch einen chemischen Unfall in Gang gekommen war. Ausgehend von diesem »Unfall« entwickelte sich alle Mannigfaltigkeit des Lebens auf der Erde auf empirisch fasslichen Wegen und durch den Mechanismus, dass der Stärkere überlebte. Zugleich futterte ich Darwins Evolutionstheorie zum Frühstück, ich lernte, dass die Welt durch den großen Urknall entstanden ist, ein blendender Blitz der Schöpfung, der das gesamte Universum von da an mit Brennstoff versorgte.

Ich erinnere mich daran, dass ich zwischen einer naturwissenschaftlichen Stunde und dem nachfolgenden Religionsunterricht in große Zweifel geriet, denn der Urknall und Darwin kollidierten mit der Grundaussage: »Und Gott schuf die Welt.« Obwohl dies meinem Nachdenken über die Frage, wer nun wirklich für die Entstehung der Welt verantwortlich war, einen Knebel umband, musste ich letzten Endes nur ein paar Figuren im Schachspiel meines Verstandes umstellen, indem ich den Urknall akzeptierte. Beide Geschichten hatten dieselbe Bedeutung – jemand oder etwas musste die Welt erschaffen haben. Wenn die Welt oder das Universum an jenem besagten ersten Tag der Schöpfung erschaffen wurde, sei es durch den Urknall vor ca. 13 – 20 Milliarden Jahren oder sei es, wie in der Genesis beschrieben, am Sonntag den 23. Oktober im Jahre 4004 vor Christus[2], dann war alles, was ich sehen konnte, alles was die Erde, die Sterne und das Firmament geschaffen hatte, das logische Resultat einer früher erfolgten Aktion. Die Welt war nach wie vor wie eine zusammengeschraubte Maschine, aber jetzt nicht mehr nur allein von Gott. Jetzt war sie von Gott durch Newtons Gravitationslehre und Darwins Evolutionstheorie zusammengekittet worden.

Mein Schöpfungsmythos blieb intakt und wies mir den Platz in einer kausalen und linearen Welt zu. Wir alle benötigen einen Schöpfungsmythos und jeder von uns trägt einen Schöpfungsmythos in sich, den großen Grundstein, auf dem wir bewusst oder unbewusst unsere Erwartungen an die Welt aufbauen – deren Grenzen und alles, was geschehen kann, oder auch nicht. Ich machte mir keine allzu großen Sorgen darüber, dass sowohl die Genesis als auch der Urknall eine Reihe von Fragen offen ließen – ähnlich wie die seltsamen sich wiederholenden Ereignisse in meiner Familiengeschichte eine Bedeutung zu haben schienen, auch wenn meine Weltanschauung mir sagte, dass dem nicht so sei. Es gab ja auch die Beweise für die »seherischen« Fähigkeiten meiner Großmutter und für die Kraft der Träume, für die guten oder schlechten Schwingungen eines Hauses, und nicht zu vergessen den Ton, wie die Hunde der Familie bellten, bevor jemand starb. Aber all dies musste ich beiseite schieben und als bedeutungslose Dummheiten betrachten, denn in einer Welt der Ordnung waren meine unlogischen und irrationalen Familiengeschichten einfach eine Selbsttäuschung. Ob wir uns dessen bewusst sind oder nicht, unser Schöpfungsmythos ist der Gefährte, der uns Tag und Nacht in unserem Leben begleitet, ein Begleiter, der alle Dinge in unserer Welt als rational und korrekt oder als irrational und deswegen illusorisch festlegt.

Ist der Schöpfungsmythos einer bestimmten Person zum Beispiel von der Bibel geprägt und spiegelt er die *Genesis* wider, dann werden alle Dinge daran gemessen. Glaubt derjenige daran, dass Gott die Welt in sieben Tagen erschaffen und danach den Menschen nach seinem Ebenbild geformt hat, dann wird er annehmen, dass der Mensch ein besonderes Verhältnis zu Gott hat und deswegen an der Spitze einer hierarchisch aufgebauten Natur steht. Gott und der Mensch sehen ähnlich aus. Die Wirklichkeit dieses Mythos ist aber vielmehr so, dass Gott nach dem Bild des Menschen geschaffen wurde. Dies bedeutet, dass der Mensch annimmt, er sei die höchste Lebenskraft auf diese Planeten. Mit diesem Schöpfungsmythos kann die Menschheit mit der Zustimmung Gottes alle anderen Erscheinungsformen der Schöpfung als Objekte behandeln, die nur existieren, um ihren oder schlicht auch Seinen Wünschen zu dienen, denn in diesem Mythos ist der Mensch Gott gleich. Glaubt man an die moderne Version dieses Mythos, dass nämlich das Universum mit einem Urknall begann, und dass von diesem Zeitpunkt an die Kraft dieser großen schöpferischen Explosion die höchste Kraft hinter allen anderen Ereignissen war, dann kann man interessanterweise die gleiche Weltsicht entwickeln.

Diese beiden Modelle der Schöpfung sind linear, mit Zeitlinien, die sich von einem Ausgangspunkt in eine einzige Richtung vorwärts bewegen, unnachgiebig vorangetrieben von einer initiierenden Kraft. In der *Genesis* erschafft Gott die Welt. Danach, so scheint es, lässt Er sie ihren eigenen Kurs verfolgen, die langsame Auflösung einer ursprünglich reinen Form. Der Urknall legt ein Universum nahe, dass sich fortlaufend abwärts bis zu einer kalten Suppe völliger Gleichförmigkeit windet. Aber beide Schöpfungsmythen verfügen über eine externe Kraft, die die Welt in ihr bestehendes Sein drängen. In der *Genesis* ist dies die Hand eines kunstfertigen Gottes. Beim Urknall ist der Maschinenraum der Schöpfung die Kraft dieser Explosion. Beide Vorstellungen von Schöpfung sind linear und gestalten unseren Geist so, dass wir nur eine lineare und kausale Welt sehen.

Wie die meisten Menschen wuchs ich mit dieser kausal und linear strukturierten Weltanschauung auf. Aber der Alltag in meiner Familie mit den sich wiederholenden Generationsgeschichten und das ständige Menü an abergläubischen Überzeugungen – lass nicht zu, dass sich die Messer am Esstisch kreuzen, kaufe Petersilie immer ein und nimm sie nie als Geschenk an, begrabe einen Toten nie ohne eine Münze für den Fährmann –, zusammen mit den persönlichen rituellen Praktiken, wie einen Gegenstand zum Schutz mit sich zu führen, sich bei Neumond etwas zu wünschen, ein kleines Ereignis als Vorboten auf ein größeres zu sehen: All dies wirkte wie Treibsand für das starre Fundament meines kausalen Schöpfungsmythos. Schließlich und ziemlich zufällig fand ich meine Gedanken jenseits des eingezäunten Gartens meiner geordneten Welt wieder. Ich getraute mich zu denken, dass der Weg, wie meine Familie lebte, vielleicht doch nicht so verrückt und dumm oder gar »nur« eine Verblendung war. Ich wandte mich der Astrologie zu und durchschritt ein Tor, über dem ein großes Schild mit der Aufschrift hing: »Achtung! Ab hier primitive und beschränkte Glaubensvorstellungen.« Ich ließ die Mauern des kausalen Gartens hinter mir und betrat einen namenlosen Ort, der nicht durch einen mir schon verständlichen Schöpfungsmythos definiert war. Denn mein neues Interessensgebiet Astrologie, das mir bis dahin nicht bekannt war, entstand im menschlichen Bewusstsein, bevor die Schöpfungsgeschichte in der Bibel und lange, bevor die Urknalltheorie niedergeschrieben worden war. Tatsächlich bildete sie sich heraus, bevor unsere Schöpfungsmythen linear und kausal waren.

Für manche mag die Feststellung überraschend kommen, aber die Welt war nicht immer so, wie sie ist. Es gab andere Wege des Wissens und andere Weg des Denkens, es gab andere Wege, in der Welt zu leben und sogar ganz andere Welten, um in ihnen zu leben. Vor 4000 Jahren, zu der Zeit als sich die Astrologie im menschlichen Bewusstsein herausbildete, war eine völlig andere Welt in Kraft. In den Schöpfungsmythen können wir einen

Blick auf diese alte Welt erhaschen. Die frühen Schöpfungsmythen sind die Blaupause einer früheren Zeit. Traditionell hat die moderne abendländische Kultur diese frühen Schöpfungsmythen wie ein verstaubtes Artefakt im Museum unseres Denkens betrachtet, nur wert, als Kuriosität ausgestellt zu werden, und als das Produkt eines primitiven und ungebildeten Verstandes abgetan. Dem ist aber nicht so. Die Schöpfungsmythen sind das Fenster zu einer verlorenen Welt.

Wir ordnen die Schöpfungsmythen mit Begriffen wie »ursprünglich« und »religiös«, oder »modern« und »wissenschaftlich«, und wir nehmen an, dass der jüngste Schöpfungsmythos, nämlich unser eigener, die korrekte Version ist, die Wahrheit darüber, wie unsere Welt entstanden ist und wie sie funktioniert. Wir neigen auch dazu, Schöpfungsmythen für exklusiv zu halten, so als ob es immer nur einen *wahren* Weg gegeben hätte, wie unsere Welt entstanden ist. Vereinzelte Aspekte von anderen älteren Schöpfungsmythen oder auch einfach nur Gesichtspunkte, die von dem aktuellen Mythos nicht erklärt werden, betrachtet man in der modernen Welt als Ignoranz, Aberglauben oder Wahnidee. Aber trotz dieser Etiketten haben diese Aspekte von Mythen oder deren unerklärliche Bruchstücke die Tendenz, in unser Leben gezogen zu werden. Und es scheint mir, dass dies nicht nur in meiner Familiengeschichte so der Fall ist, sondern beinahe überall, wo ich hinschaue. Menschen mit den verschiedensten Lebenswegen sprechen über ihren Aberglauben, ihre glücklichen Zufälle und über »merkwürdige« Begebenheiten, die aber nur deswegen als »merkwürdig« gelten, weil sie keinen Platz in dem modernen, geordneten und logischen Schöpfungsmythos haben.

Steve Waugh, der Kapitän der australischen Kricketmannschaft (1999 – 2005), der einen neuen Weltrekord im Schlagen erreichte, ging nie auf das Wicket, ohne sein rotes Taschentuch zu zeigen. Dies war sein Aberglaube, sein persönliches Ritual und man erzählt sich, dass er dieses Taschentuch erstmalig an einem Tag getragen hatte, an dem er gute Treffer erzielte.

Die Reporter hielten nach dem Tuch Ausschau, wenn er das Schlagholz aufnahm, um sicherzustellen, dass alles in Ordnung war. Der ausgeblichene und zerlumpte Zustand des Tuches wurde zum Maß für die Länge seiner erfolgreichen Karriere. Wir könnten über Steve Waughs Aberglauben an sein rotes Taschentuch hinweggehen, indem wir einfach annehmen, dass es ihn in eine bessere mentale Verfassung brachte, um mehr Treffer im Spiel zu erreichen. Aber es war dieses Vertrauen in an das alte rote Taschentuch, welches seinen Glauben an die andere Welt zeigte. Dieser Glaube freilich war nicht nur typisch für ihn selbst, denn er wurde auch von Tausenden australischer Kricketfans geteilt, die alle wünschten, dass er das Tuch in der Tasche hatte, und die somit ebenfalls ihren Glauben an die Welt jenseits von Logik und Ordnung zeigten. Fügen wir diese Glaubensvorstellungen in den Kontext unseres modernen, wissenschaftlichen Verständnisses über die Entstehung von Ordnung ein – die Vorstellungen meiner Familie über merkwürdige Zufälle oder der Glaube von Steve Waugh und seinen Fans an das alte rote Taschentuch – dann widerspricht dies tatsächlich den anerkannten Anschauungen über den Ursprung von Ordnung (wie sich Dinge ereignen), und deswegen werden diese Ideen als illusorisch und dumm eingeschätzt. Betrachten wir diese Vorstellungen dagegen im Rahmen der älteren Schöpfungsmythen, dann erscheinen die Anerkennung von Aberglaube in meiner Familie und die Handlungen des abergläubischen Kricketspielers logisch. Wie sieht denn diese Welt aus, die man uns auszublenden gelehrt hat?

Jenseits des eingezäunten Gartens

Die frühen Schöpfungsmythen sprechen von der Notwendigkeit einer Rückkehr zu einer schöpferischen Leere. Sie sind zyklisch und sich wiederholend, und es ist vernünftig anzunehmen, dass derartige Schöpfungsmythen weder auf religiösen Lehren noch

auf einer technologischen Theorie aufgebaut wurden. Sie schei-
nen vielmehr aus der direkten Beobachtung der Abläufe des
Lebens selbst entsprungen zu sein, nämlich der Art, wie wir das
Alltagsleben erfahren: Tag und Nacht, Jahreszeit auf Jahreszeit,
Routine, Rituale und Gewohnheitsmuster, Leben und Tod.

In einem Schöpfungsmythos der australischen Aborigines gibt
es das Thema der Leere, ein von Intentionen erfülltes Nichts,
aus welchem die Lebensstrukturen zum Vorschein kommen,
in das sie zurückgehen und aus dem sie wieder aufleben, sei es
halbfertig und halbgestaltet: solange, bis ihre endgültige Form
gefunden ist. Die Aborigines nennen dies die Traumzeit:

*Am Anfang war die Erde eine kahle Ebene. Alles war dunkel.
Es gab kein Leben und keinen Tod. Die Sonne, der Mond und
die Sterne schliefen nahe bei der Erde. Alle zeitlosen Vorfahren
schliefen dort ebenfalls, solange bis sie sich endlich selbst aus
ihrer Ewigkeit erweckt hatten und an die Oberfläche durchge-
brochen waren. Als die ewigen Ahnen in der Traumzeit aufer-
standen waren, wanderten sie über die Erde, manchmal auch in
Tiergestalt – als Kängurus, Emus oder Eidechsen, und manchmal in menschlicher Gestalt, manchmal halb Mensch, halb Tier,
manchmal zusammengesetzt aus Mensch und Pflanze. Zwei dieser Wesen, die sich selbst aus dem Nichts geschaffen hatten, waren die Ungambikula. Als sie über die Erde wanderten, fanden
sie halbfertige menschliche Wesen. Sie bestanden teils aus Tieren
und teils aus Pflanzen, aber sie waren ungestaltete Bündel, die
in der Nähe von Wasserlöchern und Salzseen drunter und drü-
ber herumlagen. Diese waren zusammengeknüllt zu Kugeln,
undefinierbar und unfertig, ohne Gliedmaßen oder Gesichtszü-
ge. Mit ihren großen Steinmessern schnitzten die Ungambikula
Köpfe, Körper, Beine und Arme aus diesen Knäueln heraus. Sie
schufen Gesichter, Hände und Füße. Und so wurden die Menschen schließlich vollendet.*[3]

Ein anderes Beispiel für einen zyklischen Schöpfungsmythos
kommt aus China:

23

Am Anfang war überall Dunkelheit, und es herrschte Chaos. In der Dunkelheit bildete sich ein Ei, und in diesem Ei entstand der große Pangu. Für Ewigkeiten schlief Pangu geschützt in dem Ei und wuchs. Als er bis zu einer gigantischen Größe gewachsen war, streckte er seine enormen Glieder und zerbrach dadurch das Ei. Die leichteren Teile des Eis schwebten nach oben, um den Himmel zu bilden, die dichteren Teile sanken nach unten, um zur Erde zu werden. Und so wurden Himmel und Erde, Yin und Yang geschaffen.

Pangu sah, was sich ereignete, und er war zufrieden. Da er aber befürchtete, dass sich Himmel und Erde erneut vermischen würden, so stellte er sich zwischen sie, hielt seinen Kopf zum Himmel hoch und seine Füße fest auf der Erde. Pangu wuchs weiter, und zwar 18.000 Jahre lange jeden Tag 30 Fuß. Damit vergrößerte er den Abstand zwischen Himmel und Erde solange, bis sie fest und sicher zu sein schienen in 30.000 Meilen Entfernung. Vollkommen erschöpft legte Pangu sich schlafen und erwachte nicht mehr. Pangu starb, und sein Körper ging dazu über, die Welt und ihre Elemente zu schaffen. Aus seinem Atem entstanden der Wind und die Wolken, seine Stimme wurde zu Blitz und Donner, seine Augen verwandelten sich in Sonne und Mond, seine Arme wurden zu den vier Himmelsrichtungen und sein Rumpf formte die Berge. Sein Fleisch verwandelte sich zu Erde und zu den Bäumen, die darauf wuchsen, sein Blut gerann zu den Flüssen und seine Venen wurden zu den Pfaden, auf denen die Menschen reisen. Seine Körperbehaarung wurde zu Gräsern und Kräutern, während sich Edelsteine und Mineralien aus seinen Knochen und Zähnen bildeten. Sein Schweiß wurde zum Morgentau, und seine Kopfhaare entwickelten sich zu den Sternen, die am Himmel entlang ziehen. Die Parasiten auf seinem Körper wurden zu den verschiedenen menschliche Rassen.[4]

Nach dem liebenswürdigen Pangu könne wir uns Ägypten zuwenden. Die *Pyramidentexte* aus der Zeit um 2500 v. Chr.

sprechen von einer ausgedehnten Wasserfläche ohne Anfang und ohne Ende, ein uranfängliches Wesen, ein reaktionsträges Prinzip, das in sich alle Möglichkeiten enthielt.[5]

(Dieser König wurde geboren), Als der Himmel noch nicht entstanden war, als die Erde noch nicht entstanden war, als die Menschen noch nicht entstanden waren, als (selbst) der Tod noch nicht entstanden war.[6]

In Ägypten kannte man diesen Ort als *Nun,* und aus seinen strudelnden Wassern, die den Sand des Flusses aufwirbelten, stieg der Widder-köpfige *Khnum,* vergleichbar mit den *Ungambikula* der Traumzeit. Sein Auftauchen war bekannt als Erste Ursache, und einmal tauchte *Khnum* in der Gestalt eines Töpfers auf und begann das übrige Leben zu schaffen, indem er seine Hand oder seinen Topf in den Schlamm des Nils eintauchte und alles Leben auf seiner Töpferscheibe formte. Er ist eine polymorphe Wassergottheit, man nennt ihn Vater der Väter und Mutter der Mütter. Er wird bildlich sowohl mit einer Töpferscheibe als auch mit einem großen Wasserkrug dargestellt, ein Bild, welches darauf hindeutet, dass er vermutlich für die Metaphorik der Konstellation Wassermann Pate gestanden hat.[7]

Für die Ägypter ging die Ordnung oder die bekannte Welt aus der Leere des Nun hervor – nicht nur zweimal, sondern viele Male. Zunächst gab es die Erste Ursache, aber von da ab wurde diese immer wieder wiederholt. Die Erste Ursache ereignete sich mit jeder Dämmerung, mit jeder Überflutung des Nils und mit jedem neuen Pharao. Geschichte war für die alten Ägypter keine zeitliche Linie, die sich zurück verfolgen ließ bis zu einem vereinbarten Ausgangspunkt und von da ab geradlinig vorwärts lief und in sich die Daten der Geschichte sowie das Gewicht und die Schuld der nie enden wollenden linearen Reise enthielt. In Ägypten wurde die Zeit mit der Einsetzung des jeweiligen Pharaos gemessen. Dann wurde die Zeit dieser speziellen Ersten Ursache abgebrochen und alle Tempel wurden niedergerissen, ohne einen Gedanken an ihre Geschichte zu verschwenden,

Abb. 1: Der Widder-köpfige Khnum, der Töpfer. Er ist eine polymorphe Wassergottheit, bekannt als der Vater der Väter und die Mutter der Mütter und er gilt als einer der frühesten ägyptischen Gottheiten, die in der frühdynastischen Periode (5464 – 3414 v. Chr.) entstand. Er erhob sich aus der Leere (Nun) und schickte sich an, alles Leben auf seiner Töpferscheibe zu erschaffen.

denn Geschichte existierte nur in der Zeit und war zyklisch. Somit war nur es korrekt, diese erneut auf die Erste Ursache einzustellen.

Auch die alten Griechen bekennen sich zu der Leere in ihrem Schöpfungsmythos, aber es ist aufschlussreich, dass sie sich weniger mit Zyklen befassen. Die älteste Version wurde von Hesiod in der *Theogonie* ungefähr 700 v. Chr. verfasst:

Wahrlich, zuerst entstand das Chaos und später die Erde,
Breitgebrüstet, ein Sitz von ewiger Dauer für alle
Götter, die des Olymps beschneite Gipfel bewohnen

Und des Tartaros Dunkel im Abgrund der wegsamen Erde,
Eros zugleich, er ist der schönste der ewigen Götter;
Lösend bezwingt er den Sinn bei allen Göttern und Menschen
Tief in der Brust und bändigt den wohlerwogenen Ratschluss.
Aus dem Chaos entstanden die Nacht und des Erebos Dunkel;
Aber der Nacht entstammten der leuchtende Tag und der Äther.
Schwanger gebar sie die beiden, von Erebos' Liebe befruchtet.
Gaia, die Erde, erzeugte zuerst den sternigen Himmel
Gleich sich selber, damit er sie dann völlig umhülle,
Unverrückbar für immer als Sitz der ewigen Götter,
Zeugte auch hohe Gebirge, der Göttinnen holde Behausung,
Nymphen, die da die Schluchten und Klüfte der Berge bewohnen;
Auch das verödete Meer, die brausende Brandung gebar sie
Ohne beglückende Liebe, den Pontos, aber später
Himmelbefruchtet gebar sie Okeanos' wirbelnde Tiefe

Der Mythos berichtet weiter, dass sich *Gaia* mit dem Sternen-himmel vereinte und die Titanen gebar: »*Nach den Titanen ent-stand der verschlagene Kronos, dieses schrecklichste Kind, und er hasste den blühenden Vater.*«

In diesen Schöpfungsmythen ist das Chaos oder die Leere ein wesentlicher Bestandteil für die Hervorbringung neuer Formen. Der *Ungambikula* steigt daraus hervor und gestaltet die Men-schen. *Pangu* kommt zum Vorschein und trennt die Erde vom Himmel. Eines Tages kehrt er zu der chaotischen Leere zurück und sein zerfallener Körper wird zur *prima materia* der Schöp-fung. In den ägyptischen Mythen kommt ein Töpfer aus dem *Nun*, taucht seine Hand in den Schlamm des Nils und model-liert das Leben auf seiner Scheibe. Der griechische Mythos, der viele Generationen andauert, beginnt ebenfalls mit dem Chaos. *Gaia* erhebt sich und gebiert Nacht und Erebos. Das Chaos ist in diesen Mythen kein Ort des »Nichts«, sondern ein Raum, der die unbewusste, unsichtbare und tiefer liegende Ordnung ent-hält, das Potential, um spontan ein Muster zu erzeugen, einen Platz oder Zustand, welcher das Leben hervorbringt.[8]

Die Welt und wie sie durch chaotische Schöpfungsmythen definiert wird

Wenn die kausalen, linearen Mythen der Genesis und der Urknalltheorie der Welt die Exaktheit von Logik, Ursache und Wirkung sowie eine maschinenartige Ordnung auferlegen, was sind dann aber die »Regeln« einer Welt, die von den chaotischen Schöpfungsmythen definiert wird? Was sagt uns die ägyptische Vorstellung von der Rückkehr zur Ersten Ursache über das Weltverständnis, die Erwartungen, die Vorstellungen über all das, was sich ereignen kann oder auch nicht? Was sagt uns der Tod des *Pangu* über die Weltanschauung der Chinesen?

Der kanadische Anthropologe Sean Kane bezeichnet die Mythen der prähistorischen Kulturen als Geschichten von Strukturmustern. Er spricht von Geschichten, die etwas über eine Beziehung zwischen Pflanzen, Tieren und der Erde erzählen, wobei die Menschheit nicht im Mittelpunkt steht, sondern nur einer von vielen Mitspielern in dem Entwicklungsprozess der Lebensstrukturen ist.[9] Tatsächlich ist eines der herausragendsten Merkmale chaotischer Schöpfungsmythen, dass sie ohne eine anthropologische Tagesordnung entstehen und den Menschen nicht gegenüber den anderen Lebensformen bevorzugen. Das Göttliche wird in vielen verschiedenen Erscheinungsformen repräsentiert, sei es durch Götter und Göttinnen, die als Berge oder Flüsse, Pflanzen oder Tiere Teil der Landschaft waren oder aber auch in polymorphen Mischgestalten aus Pflanze, Tier und Mensch. Die Schöpfung konzentriert sich in diesen Mythen um die Ordnung und nicht um den Menschen, und dabei steht die Erschaffung der gesamten geordneten Welt im Mittelpunkt – ein verwobenes Netz von Beziehungen und Mustern, Zeichen und Ereignissen, Symbolen und den damit korrespondierenden Entsprechungen. In diesem reichhaltigen Netz von Verbindungen und Verflechtungen enthält jede Form in der Natur eine bestimmte Göttlichkeit. Diese steht einem Adler, einem Berg, einem Menschen oder dem Himmel zu.

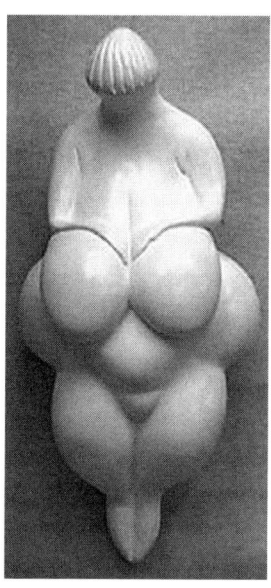

Abb. 2: Die Göttin von Lespugue (23.000 v. Chr.) wurde auf einer Kaminplatte in einer engen Grotte in den Pyrenäen in Südfrankreich gefunden. Die Figur ist aus dem Elfenbein eines Mammuts geschnitzt und ist ca.15 cm groß.

Denn die chaotische Welt war und ist immer noch voller verschiedener Stimmen.

Wir können diese Mannigfaltigkeit in den Kunstgegenständen dieser Welten erkennen. Die Göttin von Lespugue (vgl. Abb. 2) ist eine Statue, die vor ca. 23.000 Jahren hergestellt wurde. Die Göttin hatte noch einen vogelähnlichen Kopf mit einem eiförmigen Körper. Sie ist weder Mensch, noch Vogel, noch ist sie ein Ei. Sie ist am ehesten eine Mischung aus allen dreien.

In Mesopotamien können wir um ca 1800 v. Chr. ebenfalls noch solche vielgestaltigen Mischwesen aus Mensch, Pflanze und Tier oder halbfertige Menschengestalten in der Göttin der Nacht sehen (vgl. Abb. 3), wobei die Göttin zwar eine menschliche Figur, aber gleichzeitig Flügel und Vogelfüße hat. Anhand solcher Bilder, und die Ikonographie Ägyptens bietet eine Vielzahl davon, können wir eine chaotische und pluralistische Welt erkennen, in welcher der Mensch einer der Darsteller in den sich entwickelnden Berichten ist, aber nicht das zentrale und dominierende höchste Wesen.

Ein weiterer Grundzug dieser Mythen ist, dass die polymorphen göttlichen Wesen halbfertig aus der Leere heraussteigen und dann anderen Lebensformen zur Erschaffung verhelfen. Sie ziehen diese aus dem Lehm, formen sie mit ihren Händen oder fertigen sie aus ihren zerfallenen Körpern. Diese göttlichen Gestalten sind selbst Kinder der Leere, und der ganze Prozess besteht aus dem Aufstieg und der Rückkehr – immer und immer wieder. Es ist ein Balletttanz der wechselseitigen Schöpfung zwischen dem Göttlichen und dem übrigen Leben, bei dem das Göttliche das Leben und Leben das Göttliche in einem zyklischen und nicht enden wollenden Rhythmus hervorbringt, denn chaotische Schöpfungsmythen sind zyklisch und nicht linear.

Aber selbst wenn wir aus unserer heutigen Perspektive die Idee eines ersten göttlichen Wesens akzeptieren können, welches nur eines derjenigen Geschöpfe ist, die aus der Leere hervorgegangen sind, so sind die anderen Grundprinzipien dieser Mythen doch für unser lineares und kausales Denken so fremdartig, dass wir diese kaum begreifen. Gemeint ist die Tatsache, dass der Strom der neuen Ordnung nicht kausal und logisch ist, sondern der Leere entspringt. Die Ordnung wird nicht von einer kunstbegabten Wesenheit geschaffen, die darüber nachdenkt, was sie heute entwerfen wird, sondern sie ist vielmehr der natürliche Ausdruck einer vielschichtigen, gebärmutterartigen Leere. Sobald die neue Ordnung aufgetreten ist, kann ein Künstler daran arbeiten, diese aus der Leere zu ziehen, aber die Urgestalt ist ein spontanes Ereignis, ähnlich einer Idee, die in unserem Kopf entsteht – diese lässt sich nicht erzwingen, aber sobald sie da ist, kann man ihr eindeutigere Konturen verleihen.

Abb. 3: Die Königin der Nacht (zwischen 1800 und 1750 v. Chr.). Die Figur der kurvenreichen, nackten Frau trägt einen Kopfschmuck, der typisch für mesopotamische Gottheiten ist. In den Händen hält sie einen Stab und den Ring der Gerechtigkeit, beides Symbole für ihre Göttlichkeit. Ihre langen Flügel hängen nach unten, was darauf hindeutet, dass sie eine Göttin der Unterwelt ist. Ihre Beine enden in den Klauen eines Raubvogels, vergleichbar mit den Füßen der beiden sie flankierenden Eulen. Sie steht auf den Rücken zweier Löwen und ein Schuppenmuster deutet Berge an.

So wollen wir nun diesen Begriff näher untersuchen und einen Blick über den Gartenzaun werfen.

Ob wir diese Schöpfungsvorstellung akzeptieren oder nicht, wir können an den frühen Schöpfungsmythen ersehen, dass dies die Weltanschauung unserer Vorfahren war. Die Ordnung trat aus einer vielfältig verflochtenen, nicht vorhersagbaren und mit Absichten bestückten Leere heraus. Mit dieser Ordnung war aber nicht nur die dem Königreich Stabilität verleihende Ordnung gemeint, so wie beispielsweise die Zeiten des Überflusses, der das Leben spendende Regen oder die erfolgreich verlaufene Geburt eines Kindes. Es war zugleich auch die in Erscheinung tretende Ordnung, die das Königreich destabilisieren konnte, ein Sturm, der Angriff von Feinden, eine Hungersnot oder eine Überschwemmung. Alle diese Ereignisse wurden ebenfalls als eine Form von Ordnung betrachtet, die sich spontan aus der Leere erheben konnte. Die möglichen Auswirkungen derartiger Vorkommnisse auf das alltägliche Leben brachten unsere Ahnen dazu, nach Mitteln zu suchen, um diese sich neu herausbildende Ordnung zu verstehen, zu kontrollieren oder diese sogar zu beeinflussen.

Da alles Leben und die gesamte damals bekannte Welt als miteinander verknüpft gedacht wurden, hielt man vor allem nach den allerfrühesten Hinweisen auf eine neu entstehende Ordnung Ausschau. Das erste Aufschimmern eines solchen Musters konnte sich darum etwa in sich verändernden Wolkenformationen zeigen oder im aufwirbelnden Flug eines Vogelschwarms oder in Träumen oder in dem Verhalten der durch den Nachthimmel laufenden Planeten. Sobald solch eine auf die Gesetzmäßigkeiten sensibel reagierende Skala gefunden wurde, konnte diese erforscht, aufgezeichnet, verglichen und vor allem beobachtet werden, um »Neuigkeiten« aus der Leere zu ergründen, nämlich Informationen über die zu erwartende neue Ordnung.

Wurde ein Ereignis auf der ausgewählten Ebene beobachtet und ließ sich eine Verbindung zu einem zweiten Ereignis feststellen, dann konnte man diese Erkenntnis dazu verwenden, um auf das Eintreten des ersten Ereignisses zu warten, oder dieses sogar über ein Ritual absichtlich neu zu erschaffen, um das zweite Ereignis vorherzusehen oder anzuregen. Der einfachste Ausdruck dieses Unterfangens, Gesetzmäßigkeiten zu beobachten, war das Omen – zwei Ereignisse waren auf eine bestimmte Weise miteinander verkettet, so dass der eine Vorfall Informationen widerspiegelte, die das andere Geschehen betrafen. Die beiden Ereignisse, die ein Omen ergeben, bestehen aus der Protasis (Wenn-Ursache) und der Apodosis (die Vorhersage)[10]. Beispielsweise finden wir in der Übersetzung eines babylonischen Omen für Venus aus dem 7. Jh. v. Chr. Folgendes:

Ist die Stellung der Venus grün: dann werden schwangere Frauen sterben zusammen mit ihrer Leibesfrucht – Saturn steht bei ihr.[11]

Hier ist ein Himmelsomen verknüpft mit einem sichtbaren Ereignis am Himmel – die Protasis – und der Vorhersage eines menschlichen Ereignisses auf der Erde – die Apodosis. Überdies gilt innerhalb der Wirklichkeit von Omen und Aberglauben Folgendes: Wurde die Protasis wiederholt oder im Falle einer sich unterscheidenden Protasis in Form eines persönlichen oder öffentlichen Rituals wiederholt, so konnte man erwarten, dass die Apodosis auf eine ganz ähnliche Weise wiederholt wurde.

Diese ist die Philosophie, die Steve Waughs Taschentuch unterstützt, denn tatsächlich ist dies die »Logik« hinter allen Formen von Aberglauben. Ein Ereignis tritt ein und kennzeichnet die Potentiale eines anderen Ereignisses, oder aber wir können dieses Ereignis ganz bewusst herbeiführen (z.B. durch Tragen des Taschentuches), in der Hoffnung, dadurch in der Leere den Aufstieg eines anderen Ereignisses (die hohe Trefferzahl im Kricket) in Schwung zu bringen.

Ritual und Wiederholung im chaotischen Paradigma

Aus diesen früheren Mythen folgt, dass wir tatsächlich in der Schöpfung leben, und dass wir Teil eines beziehungsreichen Geflechts sind, welches am Netz des Lebens mitwebt. Somit hat alles Leben einschließlich der Menschheit bei der Mitgestaltung der Ordnung und für die Gesundheit der jeweiligen

Umgebung eine wichtige Rolle zu spielen. In diesen Mythen steht der Mensch nicht außerhalb des Systems und benützt die Welt wie einen Bauplatz, wir befinden uns vielmehr für den Rest unseres Lebens im »Goldfischglas«. Ist man lediglich einer der »Fische«, der zusammen mit einem aufsteigenden Potential (der Leere) schöpferisch tätig ist, dann war es, abgesehen von dem Beobachten der ersten Anzeichen für neu entstehende Strukturen, auch ein praktischer Denkansatz, entweder einen Weg zu finden, um die aufgetretene Ordnung zu erhalten, jede unerwünschte Ordnung fernzuhalten, oder zu versuchen, die erhoffte Neuordnung herbeizuführen.

Die Grundvoraussetzung, um diese äußerst wichtige Ordnung zu erhalten, war für die Ägypter wie auch für andere Kulturen das Abhalten von Ritualen. Rituale waren ein Werkzeug, ein praktisches Instrument, das eingesetzt wurde, um mit der sich neu abzeichnenden Ordnung zu arbeiten und um diese aus der Leere herauszulocken. Rituale wurden für das beste Verfahren gehalten, um die »Bachstelze des Nils« wachzurütteln und das Wachsen neuer Strukturen zu fördern, die dann *Khnum*, der ja schon in Erscheinung getreten war, mit seiner Töpferscheibe modellieren konnte.

Diese vitale Beziehung zwischen Ritual und Ordnung lässt sich in der Funktion der ägyptischen Tempel ersehen. Dies waren keine Häuser der Anbetung für die breiten Massen, mit einem ägyptischen Priester an der Spitze, der für seine »Gemeinde« zuständig war, welche er mit liebender Hingabe für das einfache Leben seiner Leute begleitete. Tatsächlich war die allgemeine Bevölkerung nicht willkommen, denn die Tempel galten als die Häuser oder Privatresidenzen der Götter, waren also nicht ein »Gotteshaus« im modernen Sinne. Der Bezug der Tempel zu ihrer »Herde« bestand lediglich darin, weltliche Güter zu sammeln, so dass die Unterhaltung des Tempels gesichert werden konnte. Die Rolle der Priester war es, Gottesdienste abzuhalten, die das Wohlbefinden der Götter gewährleisteten, vergleichbar mit einem Diener in einem noblen Haushalt. Die Bilder und Statuen der Götter waren ein Symbol für die Ordnung und die Muster, die aus der Leere entstiegen waren. Die Versorgung der Götter erhielt diese Ordnung aufrecht. Die von den Priestern täglich und jährlich ausgeführten Rituale galten als lebenswichtig, um den geordneten Zustand des Königtums sicherzustellen, ähnlich wie die heute üblichen Rituale im Börsengeschäft als notwendig für die Stabilität und Ordnung unserer modernen Welt angesehen werden.

Da das Ritual erforderlich war, um den Fortbestand der Ordnung zu gewährleisten, war es sowohl im öffentlichen als auch im privaten Leben unabdingbar. Das edelste Bestreben eines Ägypters war es, sein Leben als ein »ruhiger Mensch« zu leben, in Harmonie mit den Jahreszeiten zu sein, regelmäßige Verhaltensmuster beizubehalten, den Pfad des *Maat* zu gehen und auf diese Weise etwas zur jährlichen Überflutung des Nils und zum Erfolg und zur Fruchtbarkeit des Landes beizusteuern.[12] Das Verhältnis, welches das Leben zu der entstehenden Ordnung hatte, bestand darin, die sich wiederholenden Zyklen zu erzeugen, um so den Erhalt des geordneten Zustands zu unterstützen. Die Natur tat dies, die Jahreszeiten taten dies, und vom menschlichen Leben wurde dies ebenso erwartet. Chaotische Schöpfungsmythen gaben zu verstehen, dass Rituale, die als ein aktives Prinzip auf die Leere des Chaos angewandt wurden, hilfreich waren, um die sich ergebende Ordnung zu gestalten. Rituale, die dann auf die neu geschaffene Ordnung angewandt wurden, boten die Gewähr dafür, dass die aufstrebende Ordnung nicht wieder zum Chaos zurückkehrte.

Wir sehen in den Glaubensvorstellungen der Babylonier weitere Beispiele dafür, wie das Ritual Ordnung und Stabilität des Königreiches bewahrte. Der assyrische Priester Akkaullanu berichtet in einem Brief an seinen König Esarhaddon (681 – 669 v. Chr.) über seine Ängste angesichts einer bevorstehenden Finsternis, weil der König nicht die korrekten Rituale zum Erhalt der Ordnung durchgeführt hat.

Was die Ersatzstatue betrifft, über die der König, mein Herr, an seinen Diener schrieb: »Sie stand vom 14. des Duzu bis zum 5. Abu« in der Stadt Akkad.« Und warum haben sie diese in Akkad inthronisiert? Hätten sie es nicht in der Stadt Eures Vaters tun sollen, wo Ihr selbst lebt, denn es hätte alles Übel von Euch genommen. Warum gerade Ihr? Und warum Böses von Akkad? Haben sie vielleicht zu Euch in der Form gesprochen: »Ihr Vater hat seine Stellvertreter dort auf den Thron gesetzt«? Dieses Gerede ist Blödsinn. Warum sprach der König nicht zu ihnen in der Form: »Das Böse meines Vaters war in der einen Region, meines ist in einer anderen. Das Böse von Assyria und Akkad ist nicht identisch, oder? Wenn ein Zeichen Assyria betreffend erscheint, dann sollte das Ritual dort abgehalten werden, wenn ein Zeichen Akkad betreffend erscheint, sollte es dort abgehalten werden.« [13]

Der Priester fährt mit seiner Klage gegenüber dem König fort und macht etwas Hoffnung für die Situation, indem er sagt: *»Wenn der Planet Jupiter bei der Finsternis präsent ist, dann ist alles gut für den König, jemand von noblem Stand wird an seiner Statt sterben.«* Aber die Ordnung wurde mit Sicherheit durch die nicht korrekten Rituale und durch das inkompetente Personal verletzt, dem die Ersatzstatue aufgebürdet wurde.

Als Ritual kann hier jeder bewusste Akt der Wiederholung angesehen werden, mit dem Zweck, entweder ein fließendes Kontinuum zu erhalten oder zu helfen, eine bessere Situation zu schaffen. Die Menschen mussten Rituale durchführen wie andere Teile der Natur auch. Jedes Ritual war genauso bedeutend wie das nächste, und jede immerwährende Rückkehr führte dazu, dass die heilige Ordnung des Lebens auf der Erde aufrecht erhalten wurde.[14]

In der Tat sind Omen, abergläubische Bräuche und das Bedürfnis nach Ritualen, die allesamt in unserer modernen Welt als primitiv und als Ergebnis einer Beschränktheit angesehen werden, tatsächlich stichhaltige und »logische« Instrumente, die zu jener anderen Weise gehören, die Schöpfung zu betrachten.

Dies ist eine Welt, die Ereignisse und/oder Objekte und Muster miteinander verbindet: Ein rotes Taschentuch und eine hohe Trefferquote, eine grüne Venus und der Tod einer schwangeren Frau, oder ein zerbrochener Spiegel und Unglück. Jedes Mal erwartet der Gläubige das Wiederauftreten einer bestimmten Art von Ordnung, die auf den sich wiederholenden Themen eines anderen aufsteigenden Ordnungsmusters basieren.

In dieser Welt außerhalb des eingezäunten Gartens der kausalen Logik, darf man es wagen zu fragen, warum die ältesten Söhne in verschiedenen Linien meiner Familie bereits in der frühen Jugend dem Tod ins Angesicht sehen mussten. Ich werde darauf vermutlich keine einfache Antwort finden, aber ich kann mir wenigstens die Frage stellen.

Astrologie und die Welt jenseits des Gartenzaunes

Die Astrologie, die allgemein gesagt als die Praxis des Lesens der himmlischen Prophezeiungen definiert werden kann, nahm ihren Ursprung, als die Schöpfung noch mit der Leere verquickt war. Diese Tatsache scheint sowohl von den Astrologen als auch von ihren Kritikern vergessen worden zu sein. Es herrscht generelle Übereinstimmung darüber, dass die Anfänge der Astrologie ungefähr 3000 v. Chr. in Mesopotamien zu suchen sind. Die sichtbare Welt wurde als eine fließende, sich gegenseitig austauschende Beziehung zwischen der Erde und dem Himmel gesehen, und die Astrologie war die Praxis der Auslegung dieser Mischung.[15] James Tester vermerkt über die Babylonier:

Sie setzen eindeutig voraus, dass es einen Bezug gibt zwischen dem, was am Himmel geschieht, und dem, was auf der Erde passiert, obgleich sie nicht annehmen, dass es sich um ein Verhältnis von Ursache und Wirkung handelt.[16]

Hier lässt Tester, obwohl nicht unbedingt beabsichtigt, durchblicken, dass die babylonische Weltanschauung auf einer Annahme beruhte, die wir heute als chaotisches Paradigma definieren. Dabei entspringt die Schöpfung aus der Leere; die Ordnung vollzieht sich *ohne* einen linearen und kausalen Akteur. Die Babylonier waren bemüht, die sich entfaltenden und aufstrebenden Lebensstrukturen auf der Erde durch ein Gemisch aus Himmelsphänomenen, Wetterbeobachtungen und Vorzeichen zu verstehen[17] Es liegt nahe, dass eine Kultur, die den Himmel beobachtete und alle Ereignisse aufzeichnete, um ihre turbulente Welt zu verstehen, ein frühe Form von Astrologie entwickeln würde. Tatsächlich konnte die Astrologie nur im Rahmen solch einer chaotischen Philosophie entstehen, da diese Philosophie annimmt, man könne Ordnungsmuster für irdische Ereignisse verstehen und erkennen, indem man die zahlreichen und komplexen Variablen des Himmels beobachtet.

Folglich ist die durch chaotische Schöpfungsmythen definierte Welt in hohem Maße verschieden von der Welt, in der wir zu leben meinen. Nicht nur, dass die chaotische Welt vollkommen anders funktioniert und die Ordnung auf eine andere Weise herstellt, welche ohne logische Kausalität auskommt, sie hält auch an ganz anderen Glaubensvorstellungen fest und hat völlig verschiedene Erwartungen *an* und eine absolut andere Begriffsbestimmung *für* das Göttliche. Kurz gesagt, funktioniert die Welt des Chaos so, also ob alle Dinge miteinander verknüpft wären, und schreibt vor, dass es besser ist, in Harmonie mit der Welt zu leben, um die bisherige Ordnung zu erhalten. Teil dieser Harmonie war die Notwendigkeit, die täglichen und öffentlichen Rituale zu respektieren, die zum Erhalt der Gesellschaft da waren, während man zur selben Zeit umsichtig sein musste, die ersten Anzeichen von neuen Ereignissen, Ideen oder Bedrohungen zu erkennen. Diese neu eintretenden Ereignisse konnten zuerst in Träumen, in Wolkenbildungen, im Flug der Vögel oder in der Bewegung der Planeten vor dem Sternhimmel beobachtet werden.

Der eingezäunte Garten – der Wunsch, für sich zu sein

Diese Leere, das von Vorsätzen erfüllte Nichts, welches in den Mythen Ägyptens, Chinas, Griechenlands und der australischen Traumzeit verehrt wurde, erfuhr im babylonischen Schöpfungsmythos eine offenkundig andere Behandlung. Der fruchtbare Halbmond galt als ein Gebiet des Krieges und der Schlacht, und von diesem unsicheren Terrain ging eine andere Überlieferung der Schöpfung aus der Leere aus. Die Geschichte vom *Enuma Elish* wurde erstmalig im 12. Jahrhundert vor Christus aufgezeichnet und geht vermutlich auf eine noch ältere sumerische Version zurück. Ähnlich wie im ägyptischen Mythos beginnt es mit der Vermischung des Wassers – süßen Wassers und bitteren Wassers. Ähnlich wie bei den anderen Schöpfungsmythen bringt das Umrühren des Wassers Leben hervor – *Apsu* und *Tiâmat*, Mann und Frau:

Als droben die Himmel nicht genannt waren
Als unten die Erde keine Höhe, keine Tiefe, keinen Namen hatte
Als selbst Apsu, der uranfängliche, der Erzeuger der Götter;
Mammu Tiâmat,, die sie alle gebar,
Ihre Wasser in eines vermischten,
Als das abgestorbene Schilfrohr sich noch nicht angehäuft hatte,
Rohrdickicht nicht zu sehen war,
als noch kein Gott erschienen,
Mit Namen nicht bekannt, Geschick ihm nicht bestimmt war,
da wurden die Götter aus dem Schoß von Apsu und Tiâmat
geboren.[18]

Es handelt sich um ein großes Epos. Weitere Gotteskinder werden durch diese Vermischung von Wasser gezeugt. Aber in diesem Mythos gibt es eine Besonderheit. Sobald der natürliche zyklische Stoß zurück in den chaotischen Zustand beginnt, was sich in dem Wunsch von *Apsu* manifestiert, seine Kinder neu zu erschaffen, widersetzen sich diese und kämpfen gegen ihren »schrecklichen« Vater. Da sie keine andere Lösung gegen den unwiderstehlichen Rückzug zurück in die Leere finden, verwenden die Kinder, welche die neu gebildete Ordnung repräsentieren, Zaubersprüche, um ihren Vater zu töten. Sehr viel später wird dieselbe Spannung auch in der Darstellung des griechischen Gottes Kronos abgebildet, der seine Kinder wieder zurück in die Leere befördert, indem er diese auffrisst. Aber nachdem man ihm einen magischen Trunk verabreicht, spuckt er sie einfach wieder zurück ins Leben. Kronos wird dann zur Hauptfigur im Kampf gegen die erneut auftauchenden Kinder. Im früheren babylonischen Mythos ist es *Tiâmat*, die Frau des ermordeten *Apsu*, die zur großen Feindin wird. Sie ist es, die ihre Kinder bekämpft.

Dieser Krieg bildet das Kernstück des *Enuma Elish*. Es ist ein Kampf um das Selbstbewusstsein der Ordnung, das die geringste Neigung zu einer Rückkehr in das Chaos bekämpft. In diesem babylonischen Mythos, der als eine der wichtigsten Quellen für die Genesis gilt, kämpft die Ordnung (Kinder) mit dem Chaos (*Tiâmat*), um gegen die erneute Absorption Widerstand zu leisten. Dies ist ein sehr bedeutsamer Mythos, da er die ersten Anzeichen für eine Verschiebung des Denkens von den chaotischen Schöpfungsideen hin zur kausalen Sichtweise einfängt. In diesem Mythos sehen wir Menschen, die eine Trennung von der übrigen Schöpfung herbeiwünschen, denn indem sie der Zurückführung zu widerstehen versuchen, möchten sie dem Tod entgegentreten. Jedoch auch wenn dieser Schöpfungsmythos noch voller Konflikte ist, so beinhaltet er nach wie vor die beiden grundlegenden Komponenten der Schöpfung: die kreative Leere und das Bewusstsein der Ordnung, Schlaf und Wachsamkeit, Träume und Körperlichkeit, virtuelle und reale Welt, Leben und Tod.

Die Beseitigung des achten Tages – ein Ende für die Zyklen

Das *Enuma Elish* erfuhr eine größere Überarbeitung im 6. oder 5. Jahrhundert vor Christus.[19] Der Wunsch der Ordnung, sich permanent von der kreativen Leere abzusondern, resultierte in einer Neudefinition der Leere. In dem neuen umgeschriebenen Mythos veränderte sich die Leere von einem absichtserfüllten Ort, der mit der *prima materia* allen Lebens schwanger war, zu einem Ort des neutralen Nichts, eine Leere ohne materielle Substanz. Es war nicht mehr länger der Schlamm des Nils oder der Ton auf einer Töpferscheibe. In diesem neu abgefassten Mythos war die Leere ein inhaltsloser Platz, und ein einziger bewusster Verstand (Ordnung) suchte angestrengt in dem Nichts und erschuf sich die Welt in seiner eigenen Version. Es waren nicht mehr länger die sich vermischenden Wasser, die herumwirbelten, um die ersten Lebensmuster zu formen.

Die kreative Leere zu entfernen und diese durch einen bewussten Gestalter zu ersetzen, war ein größerer Paradigmenwechsel. Jetzt war die linear-kausale Welt die einzige Quelle für die Schöpfung. Gott musste diese neue Welt nicht nochmals erschaffen, denn in dieser evolutionären, planmäßigen und linearen Annäherung an die Schöpfung gibt es keine zyklische Rückkehr, da es *keine* Leere gibt und somit auch keine Bedrohung durch Unordnung. Es gibt in diesem neuen Mythos in der Tat keine Zyklen, denn Zyklen sind die Bahn, auf der man in die Leere zurückkehrt. Der kunstfertige Gott (Ordnung), der noch mehr Ordnung erschaffen hat (die Welt), zieht in Erwägung, dass Ordnung ein Dauerzustand ist. In diesem Mythos, den wir als die *Genesis* kennen, hört Gott am siebten Tag auf zu arbeiten. Es gibt keinen achten Tag, denn die Schöpfung ist endlos. Der Tod oder die Leere wird entfernt und ersetzt durch ein unsterbliches Leben im »Paradies« Dieses Wort, im Hebräischen »pardes«, geht zurück auf einen mittelpersischen Wortstamm mit der Bedeutung »Umfriedung« oder »Park[20].

Die Griechen bezeichneten diese Ordnung als *kósmos* und ihre Ansicht von »Kosmos« war die Verherrlichung der sich selbst erschaffenden Ordnung. *Ex nihilo nihil fit* – nichts kommt aus dem Nichts – dies war die Beleidigung, welche die Griechen der alten Idee, dass die Schöpfung aus der Leere komme, entgegen schleuderten. Sie verabscheuten die frühere Vorstellung des *creatio ex nihilo* – die Schöpfung aus dem Nichts – welche noch eine Kernaussage der ägyptischen Schöpfungslehren war, denn diese Idee behinderte sie bei der Entwicklung kausalen und linearen Wissens. Der Chaosforscher Ralph Abraham definiert diese auf dem *ex nihilo nihil fit* basierenden Schöpfungsmythen als die Theorie des Ursprungs aus der Ordnung und bezeichnet diese als kosmische Schöpfungsmythen oder das kosmische Paradigma.[21]

Über Bord geworfen wurde somit die chaotisch geprägte Weltsicht, die in den Zyklen einer fließenden Balance zwischen Ordnung und der schöpferischen Leere hin- und herfließt. Man setzte sich über diese Schöpfungsmythen und folglich auch über die Weltanschauungen und die philosophischen Zusammenhänge hinweg, welche das Aufkommen von Astrologie, Omina, Divination und ähnlichen Verfahren hervorriefen. Die wissenshungrigen Griechen übernahmen und unterstützten die Denkgegenstände eines kosmischen Schöpfungsmythos, denn dieser versetzte sie in eine intellektuelle Position, von der aus sie die Welt analysieren konnten – der lineare Kausalzusammenhang. Die daraus resultierenden Philosophien zementierten die lineare Kausalität im westlichen Geistesleben, und von dieser neuen Warte aus konnte die Menschheit danach streben, den tätigen Gott zu imitieren und die Natur wie einen Bauplatz zu nutzen.

Mit dieser Einstellung haben wir viele Dinge erreicht, denn sie erlaubte uns, die mechanischen Eigenschaften der physikalischen Materie zu entdecken und technische Wunder hervorzubringen. Indem wir diesen Mythos einer linearen Schöpfungsidee in unsere Arme geschlossen haben, haben wir uns in verstärktem Maße die Weltanschauung zueigen gemacht, dass alle Ereignisse *nur* die logischen Erweiterungen eines anderen früher stattgefundenen Ereignisses seien und folglich zur Gänze als eine einzige Folge getrennter Vorkommnisse aufgefasst werden konnten. Diese atemberaubende und grob vereinfachende Ansicht ermöglichte es uns, die Bedeutung der Vielfältigkeit der Querverbindungen in unserem Umfeld zu ignorieren, und machte uns blind für diese empfindliche Balance. Im kausalen Schöpfungsmythos sind wir abgespaltene Wesen, die sich auf einem evolutionären Pfad der konstanten Verbesserung weiter bewegen, hin zu einem neuen und glorreichen Zeitalter, von dem manche glauben, es sei dies die versprochene zweite Wiederkehr Christi, das Reich Gottes, welches als höchster Ausdruck von Ordnung angesehen wird.

Ist man nun in der glücklichen Lage, als ein Mitglied dieser Gottes-Rasse geboren zu werden, dann ist dieses kosmische Paradigma äußerst verlockend. Wir dürfen außerhalb und abgetrennt vom Netz des Lebens leben, dabei die ganze Welt kontrollieren, wobei die übrige Natur unseren Spielplatz abgibt. Wir müssen uns keine Gedanken über die Folgen machen, denn es gibt keine Konsequenzen – keine Leere, keine Unordnung. Überdies wird uns, und nur uns, als höchste Auszeichnung das Paradies oder der Himmel versprochen. Das Leben innerhalb des eingezäunten Gartens ist in der Tat gut, selbst wenn man all die strukturreichen, vielschichtig verbundenen Glücksgriffe des Lebens ignorieren muss, selbst wenn man in einer Welt leben muss, in der die Träume keine Bedeutung haben und in der man akzeptieren muss, dass man den treuen Hund oder die geliebte Katze im Paradies nicht wiedertreffen wird, da sie schließlich nicht das Glück hatten, der gottgleichen Gattung anzugehören.

Der kosmische Schöpfungsmythos ist perfekt für die Welt der einmaligen Objekte, aber ist er auch angemessen für lebende Systeme? Ist es möglich, in beiden Welten zu leben, nämlich der kosmischen – der Welt der Objekte – und zugleich auch in der chaotischen, der Welt der Lebenden, der

Welt der merkwürdigen Zufälle und der bedeutungstragenden Familienmuster?

Falls es möglich ist, in beiden Welten zu leben, warum fordert dann die kosmische Welt, dass keine andere Welt existiert? Warum dürfen wir den eingezäunten Garten nicht verlassen?

Die Welt der chaotischen Schöpfung	Die Welt der kosmischen Schöpfung
creatio ex nihilo – die Schöpfung aus dem Nichts (die Möglichkeit eines gebärmutterähnlichen Ortes)	*Ex nihilo nihil fit* – aus dem Nichts kommt nichts, deswegen ist die Leere ein leerer, steriler Ort
Ordnung entsteht aus der Leere - Chaos	Ordnung wird durch Ordnung geschaffen – Kosmos
Zyklen – Ordnung kehrt zum Chaos zurück, Chaos erzeugt Ordnung	Evolution – Ordnung kehrt niemals zum Chaos oder seiner eigenen früheren Position zurück
Alle Dinge sind in einem Geflecht von Beziehungen miteinander verbunden	Alle Dinge sind voneinander getrennt
Die Gottheit ist polymorph	Gottheit hat menschliche Gestalt
Die Welt wird in aufstrebender Weise ohne Hierarchien mitgestaltet	Die Ordnung erschafft die Welt zum Nutzen der Menschen
Pluralismus – viele Stimmen. Alle sind gleichwertig	Monismus – eine Stimme. Ein hierarchisches System
Ereignisse tauchen auf als Muster – dies führt zu Ritualen und Wiederholungen als Arbeitsmitteln	Kausal – jedes Ereignis ist das Ereignis einer früheren, logischen Handlung. Dies führt zu Experiment und Reduktionismus
Astrologie, Omen, Prophezeiung, Aberglaube – die nichtlineare Welt	Wissenschaft – die lineare Welt

Abb. 4: Ein Vergleich der Weltsicht des Chaos mit der Weltsicht des Kosmos

Der Krieg der Welten

Der Bereich außerhalb des eingezäunten Gartens der Ordnung ist ein Gebiet ohne Namen. Es ist ein verschmähter und verfluchter Ort, dem von der neuen Weltanschauung des Kosmos jede Stimme untersagt wurde. Jedoch ist dieser namenlose Ort nicht ausgetrocknet und verschwunden. Stattdessen hat er sich auf einer Million kleiner Wege in unsere Gesellschaft eingeschlichen: Manchmal in Form eines Märchens, das von den Gefahren des dunklen Waldes spricht; manchmal auch in historischen Referenzen, wenn wir von der »geordneten« Welt der Römer und der »chaotischen« Welt der Barbaren sprechen. Wir anerkennen sein Vorhandensein, indem wir unsere Vorlieben zeigen, oder wenn wir »hässlich« als ein Fehlen von Symmetrie definieren, aber auch wenn wir Zufälle, abergläubische Gebräuche oder jede Form von Divination als dummes Zeug abtun. Dieser namenlose Ort ist quicklebendig, wir sind einfach nicht immer dazu bestimmt, ihn zu sehen oder über ihn zu reden.

Die Anfänge dieser Zurückweisung können sehr gut schon in dem babylonischen Schöpfungsmythos des *Enuma Elish* begründet liegen, in welchem, anders als sonst in den Mythen des Ostens, Blutvergießen, Intrigen und Betrug wüten und sich zum Schluss eine Mutter gegen einen Urenkel erhebt. Die Mythenmacher des *Enuma Elish* fürchteten das mit Vorsätzen erfüllte Nichts, welches von dem Drachen *Tiâmat* versinnbildlicht und folgendermaßen beschrieben wird: »Das Chaos des *Tiâmat* war die Mutter von ihnen allen«[22]. Denn dies ist ein

Mythos in der Vorstellung von Menschen, die in dem Schrecken lebten, die Ordnung zu verlieren. Vermutlich ist der Mythos ist zu einer Zeit entstanden, als eine Kultur versuchte, ihre paranoiden Mordtaten und Massaker zu rechtfertigen.

Wie wir im vorigen Kapitel gesehen haben, beginnt die Erzählung damit, dass Tiâmat ihre Kinder gegen einen »schrecklichen« Vater verteidigt. Als freilich ihre Söhne sich gegen den Vater wenden und Bannflüche einsetzen, um ihn im Schlaf zu töten, gerät *Tiâmat* in Wut und schwört Rache gegen ihre vatermörderischen Kinder. Sie ist schon beinahe siegreich, und ihre Söhne beabsichtigen, Frieden zu schließen, indem sie um Gnade flehen, aber ihre große Angst vor *Tiâmat* stoppt sie. Stattdessen wenden sie sich Marduk zu, Tiâmats Urenkel und zugleich ein Kind, das aus der Sonne geboren wurde. Golden und glänzend im klaren Sonnenlicht ist er vielleicht unser ältester mythischer Held, und in dem Reich eines wahren Heroen bringt der zahme Marduk all jenen Hoffnung und Freude, die zu ihm aufblicken.

Prächtig war seine Gestalt, funkelnd der Blick seiner Augen.
Erwachsen bei seiner Geburt, besaß er von Anbeginn all seine
Macht.
Als Anu ihn sah, der seinen Vater geschaffen hatte,
Erglänzte frohlockend sein Herz, wurde freudevoll.[23]

Marduk verfolgt *Tiâmat* in seinem Streitwagen und reitet mit neuen Waffen ausgerüstet los, um ihr mutig entgegen zu treten.

Der Herr lenkt seinen Weg geradeaus
Und wandte sich zu Tiâmat, die wütend tobte,
auf den Lippen hatte er eine Beschwörung,
Mit den Händen umschloss er die Pflanze, die das Gift vertreibt.[24]

Aber *Marduk* bringt seine Waffe nicht zum Einsatz. Stattdessen spaltet er *Tiâmat* entzwei und benützt dazu lediglich die vier Schreckenswinde und ein Netz, denn man kann die Leere nicht durchbohren oder schneiden. Eine Hälfte *Tiâmats* lässt er in der Erde, die andere Hälfte lässt er über der Erde und bespannt damit den Himmel.[25] Nachdem er seine Mission beendet hat, lässt Marduk sich nieder, um sein Königreich zu regieren. Aber selbst als oberster Gott weiß *Marduk*, dass *Tiâmat* seine Urgroßmutter war, das absichtsvolle Nichts, aus dem er und seine Sippe geschaffen worden waren. Er mag zwar der oberste Herrscher sein, »stark in seiner Ordnung, seine Befehle sind unabänderlich und seine Worte soll kein Gott abändern;« aber er ist nicht allein und auch nicht der oberste Gott.

Diese Schlacht zwischen *Marduk* und dem Drachen *Tiâmat* wurde ungefähr 1000 Jahre später in der *Offenbarung* (12:7-9) übernommen mit dem Kampf zwischen dem Erzengel Michael und Luzifer-Satan.

Und es entstand ein Kampf in dem Himmel: Michael und seine Engel kämpften mit dem Drachen. Und der Drache kämpfte und seine Engel;und sie siegten nicht ob, auch wurde ihre Stätte nicht mehr in dem Himmel gefunden. Und es wurde geworfen der große Drache, die alte Schlange, welcher Teufel und Satan genannt wird, der den ganzen Erdkreis verführt, geworfen wurde er auf die Erde, und seine Engel wurden mit ihm hinabgeworfen[26].

In dieser Version des Mythos spielt der Erzengel Michael die Rolle von Marduk, aber der bekämpfte Drache ist nicht mehr länger die übermächtige und angesehene schöpferische Kraft von *Tiâmat*. Der Drache wird auf eine asexuelle, böse Bestie reduziert und wandelt sich schließlich zu dem Drachen, den der Heilige Georg im 4. Jahrhundert tötet, als das Christentum über die heidnischen Religionen siegt.

Diese Geschichte begleitet uns bis in die gegenwärtige Ära. Die bekannteste Variante erzählt uns der Film *Alien* (1979) von Ridley Scott, ein moderner Kassenschlager, der inzwischen Kultstatus hat. In dem Film ist das weibliche Monster des Chaos in Konflikt mit einer Frau aus dem Reich des Kosmos, dargestellt von Sigourney Weaver. Beide sind in ein tödliches Gefecht verwickelt. Das bekannte weibliche Monster möchte sich mit der menschlichen Rasse fortpflanzen und deswegen aus der Sicht des Kosmos die Menschheit schließlich zerstören. Dieses furchtbare, Speichel leckende, schuppige, weibliche Monster ist eine moderne Fassung von Tiâmat, und zumindest in dieser Geschichte ist sie noch einmal fruchtbar. Nichtsdestotrotz ist es Sigourney Weavers Aufgabe in dem Film, ähnlich wie bei Marduk, St. Michael oder St. Georg, mit dem Monster nicht zu verhandeln, sondern es vollkommen zu eliminieren. Durch seine chaotische Symbolik spiegelt der Drache all das wider, was als negativ und destruktiv gilt und was für alle Zeiten verdammt, überwunden, geköpft und ausgemerzt werden muss. Dies sind keine Schlachten, in denen eine Lösung oder ein Kompromiss in Erwägung gezogen werden kann. Dieser Kampf erfordert den totalen Sieg und die völlige Ausrottung all dessen, was mit dem Drachen zu tun hat.

Zugegeben, es besteht eine natürliche Polarität zwischen den philosophischen Ansätzen von Chaos und Kosmos. Die ersten vier Zeilen der *Genesis* informieren uns darüber, dass es sich um die Polarität von Tag und Nacht handelt; um das, was klar ist, und das, was unklar ist; um das, was komplex ist und das, was einfach ist; den bewussten Wachzustand im Gegensatz zu dem unbewussten Zustand während des Schlafes. Aber anders als die freundliche Figur des *Pangu* aus der chinesischen Mythologie oder den ungefährlichen Gestalten aus der Traumzeit wie z.B. dem *Ungambikula*, ist die Spannung zwischen den Polaritäten im *Enuma Elish* ein Ausgangspunkt für große Konflikte. Im *Enuma Elish* möchte eine Seite des Gegensatzpaares, nämlich die Ordnung, die Trumpfkarte sein.

Wie schon ausgeführt, erfordert kosmisches Denken eine kausale Logik, eine lineare Einfachheit und eine Reihe von Ereignissen, die verwendet werden können, um weiteres Wissen aufzubauen. Im Gegensatz dazu basiert das Chaos-Denken auf anscheinend nicht kausalen Verbindungen zwischen Strukturen, die sich auf wiederholende Themen verlassen, ohne Rücksicht auf Größe, Zeit oder Wesen. In den Philosophien des Ostens ist es möglich, dass diese Standpunkte nebeneinander bestehen können. Nichtkausale Systeme wie das I Ging, Feng Shui oder die Lehre der Akupunktur werden nicht herabgewürdigt, denn die Schöpfungsmythen dort kennen diesen Konflikt nicht. Für den westlichen Verstand, angetrieben durch einen Mythos des Zanks, sind diese Unterschiede ein bedrohlicher Bannfluch für die Ordnung des Kosmos. Tatsächlich waren die Philosophien von Chaos und Kosmos im Westen schon seit Tausenden von Jahren in einen Kampf verwickelt. Es wird auch behauptet, dass dieser Zweikampf die treibende Kraft hinter dem missionarischen Eifer der Christen ist, die sich der Welt des Chaos entledigen möchten, indem sie die primitiven oder bösen Wilden bekehren.[27] – ein Standpunkt, der Marduk und die Ordnung mit dem Monotheismus und den Drachen Tiâmat mit Pluralität und Heidentum in Beziehung setzt.

Im Westen war und ist es aus diesem Grund bis heute für die selbst ernannten Hüter der Ordnung (wie Marduk, St. Michael oder St. Georg) sehr wichtig, jeden Anflug des chaotischen Paradigmas in der abendländischen Kultur zu attackieren. Diese Kreuzritter übernehmen unbewusst die Rolle von Marduk und erforschen Prophezeiungen, paranormale Phänomene und Astrologie und widmen ihr Leben der vollen und endgültigen Ausrottung Tiâmats. Denn für diese Kämpfer, die an der Frontlinie zur Beschützung der Ordnung stehen, muss alles ausgerottet werden, was auch nur im Geringsten vermuten lässt, dass es noch etwas außerhalb des eingezäunten Gartens gegen könnte. Dabei spielt es keine Rolle, ob diese Hinweise sich auf Ideen oder Menschen beziehen.

Aber trotz dieser Wachsamkeit der Kreuzritter, wurde mir ganz langsam bewusst, dass meine Familie, ähnlich wie auch viele andere Menschen, nur vorgab, in diesem geschützten Garten zu leben, dass sie aber in Wirklichkeit außerhalb dieses Schutzraums in der Welt des Chaos lebte. Tatsächlich geben viele Menschen Lippenbekenntnisse für die Welt des Kosmos ab, leben aber außerhalb dieser und hoffen, das niemand es bemerken möge, oder beachten dies oft selbst nicht. Wenn man an irgendeine Form von Synchronizität glaubt oder in zufälligen Ereignissen Bedeutungen sieht, dann steht ein Teil der betreffenden Person in einer Welt, die es nicht geben sollte – ein Fuß steht auf einem Platz ohne Namen.

Aber wie kam es zu diesem eingezäunten Garten und warum sind die Umzäunungen so hoch? Warum werden Menschen, die die gepflegten Grenzen der kausalen Blumenbeete verlassen, verunglimpft?

Wie der Kosmos den Westen gewann – die frühen Jahre

Marduks Siegeszug in das westliche Geistesleben ging weder schnell noch einfach über die Bühne. Die Geschichte erstreckt sich von dem Philosophen Heraklit (540 – 480 v. Chr.) bis zu dem Werk von Charles Darwin (1809 – 1882) und ist mit Kausalzusammenhängen gepflastert, meistens auf der Seite des Chaos.

Die schöpferische Kraft, die in der Dunkelheit tief in den Turbulenzen des Chaos verborgen ist, war das zentrale Thema der Philosophie Heraklits, als er ein Gesetz formulierte, demzufolge Kräfte aufeinander zulaufen, und das er *lógos* nannte. Es sind zwar nur Fragmente erhalten, aber er stellt fest:

Was sich gegenüberliegt, strebt nach Vereinigung, aus dem Diversen entsteht die allerschönste Harmonie, und der Kampf lässt auf diese Weise alles in Erscheinung treten.[28]

Heraklit behauptet, dass wenn sich alles in ständigem Wechsel befindet, sich alles auch konstant ändert, und wenn alles sich ändert, kann man nichts wissen. Er sagt: »Alles ist in Bewegung, nichts steht still.« Chaos, so argumentierte Heraklit, zieht die Vorstellung von Wissen nicht mit in Betracht, und seine bekannteste Aussage ist, dass wir nicht zweimal in denselben Fluss steigen, weil sich das Wasser weiter bewegt hat. Folglich können wir den Fluss niemals kennen, da er sich permanent verändert.

Heraklits philosophischer Begriff war für den griechischen Verstand nicht akzeptabel, da er so eindeutig die Klarheit des Wissens verfolgte. Parmenides von Elea (ca. 5. Jh. v. Chr.) brachte ein Gegenargument vor. Er war der Ansicht, dass die Welt massiv und konstant sei, ohne Bewegung und Zeit, und dass alle augenscheinliche Bewegung oder Veränderung eine Illusion sei. Auch Plato (ca. 427 – 347 v. Chr.) antwortete Heraklit, indem er behauptete, dass das Chaos zwar in der Welt des Lebendigen, also der sublunaren Welt, vorkommen könne, die göttliche Welt dagegen sei vollkommen, geordnet, absolut stabil und widerspruchsfrei. Plato sprach von zwei Welten: der perfekten, planmäßigen und beständigen Welt oben, die als göttlich bezeichnet wurde, sowie der sogenannten sublunaren Welt, in der alle Dinge Teil der Veränderung waren. Der göttlichen Welt schrieb er Wissen, Einfachheit, Eleganz und Wahrheit zu[29], und diese Merkmale werden bis heute mit ihr verbunden.[30] Platos Philosophie bildete ein Gleichgewicht zwischen der linearen, logischen Welt der Ordnung und der nichtlinearen, verwobenen Welt des Heraklit, die als chaotisch definiert wird.

Indem Plato die Welt als zweigeteilt sah, hatte er in der Tat die früheren Taten Marduks gespiegelt, denn er verlegte, ähnlich wie Marduk, einen Teil der Welt in den Himmel und den anderen auf die Erde. Plato dürfte vermutlich der erste gewesen sein, der ernsthaft der Idee von zwei nebeneinander existierenden Welten Vorschub leistete. Aber Plato war zwar ein Genie und erkannte klar die beiden Welten von Chaos und Kosmos, er verfiel allerdings dem Fehler, die Schöpfung der linearen Welt, also der Welt der Ordnung, zuzuschreiben. In seiner Rechtfertigung dieses Ansatzes leugnete er die nichtlineare, chaotische Welt sogar nicht einmal, was ihn von späteren Denkern unterschied.

Er teilte der nichtlinearen Welt lediglich die Rolle des Nicht-Göttlichen zu, was in seiner Philosophie konsequent bedeutet, dass diese armselig ist.

Plato sah Gestalt und Form auch als eine der reinen Erscheinungsformen des Wissens und zog in Betracht, dass es lediglich zwei Arten von Bewegung gibt: die gerade und die krumme. Die Krümmung war die perfektere Bewegung, denn sie konnte endlos weitergehen. Deswegen wurde diese dem göttlichen und unvergänglichen Element zugeschrieben, der Quintessenz (fünftes Element), welche die unveränderlichen, himmlischen Sphären und Sterne bildete. Die gerade Linie wurde den vier Elementen zugewiesen und in der sublunaren und unvollkommenen Welt angesiedelt, die sich in stetem Wandel befindet. In Platos göttlicher, unveränderlicher und perfekter Welt umkreisten die Planeten die Erde in vollendeten Kreisbahnen, die an vollendete Sphären gebunden waren.

Allerdings gab es dabei ein Problem. Die ansonsten perfekten Planeten sollten von Zeit zu Zeit scheinbar rückwärts laufen am Himmel. Platos Ansatz zur Erklärung der beobachteten Rückläufigkeit der Planeten war dazu bestimmt, einen tiefgreifenden Einfluss auf zukünftige Forschungsmethoden zu haben.[31] Er nahm nämlich an, dass man eines Tages diese Bewegung verstehen würde, und dass sie sich dann an die göttliche Kreisbewegung halten würde (*Timaeus*). Er dachte nicht darüber nach, warum sich die Planeten rückwärts bewegten, stattdessen vermutete er vielmehr, dass sich die Erklärung schlussendlich in das perfekte Modell einfügen werde. Auf diese Weise legte er das philosophische Fundament für alle akzeptablen Antworten. Von diesem Standpunkt aus konnte die Wahrheit nur wahr sein, wenn sie geordnet und geregelt war. Es war vermutlich Apollonius von Perga (ca. 210 v. Chr.), der Platons Erwartungen am ehesten erfüllte, indem der die Idee durch die Annahme verfeinerte, die Planetenbahnen enthielten Epizyklen: Kleinere vollkommene Kreise, die auf bestimmten Punkten von größeren geschlossenen Kreisbahnen georted wurden.

Platons Rückzug aus der sublunaren Welt ließ keinen Platz für einen philosophischen Kommentar über das Leben als solches. Um eine Untersuchung der sublunaren Welt zu ermöglichen, hat sein Schüler Aristoteles die Vorstellung von Gestalt und Materie eingeführt. Form ist das gestaltbildende, zwecksetzende Prinzip, welches die strukturlose Substanz ergab, und Materie nimmt erst durch die Form Gestalt an.[32] Materie hatte das *Potential* (die reine Möglichkeit), gestaltet zu werden, dies war aber erst dann der Fall, wenn der Stoff geformt war, so dass die Wirklichkeit entstehen konnte. Holz war Holz, aber es war auch das Prinzip der *Gestalt* (der substantiellen Form), welches es zu einem Baum oder einem Tisch machte. Aristoteles glaube, dass der physische Bereich Perfektion enthielt. Daraus schloss er, dass es sich trotz der Tatsache, dass er ständig im Wandel war, auf ein spezielles Ende zu bewegte und eine gewisse Teleologie (telos = »Ende« oder »Zweck«) bewies. Die Essenz der Dinge, so argumentiert er, liegt nicht im Bereich der raumzeitlichen, physikalischen Wirklichkeit, sondern ist in ihr enthalten. In diesem Denkmodell ist die Materie eine ungeordnete Masse, sie enthält aber ein Bewusstsein ihrer endgültigen und vollkommenen Form, gleich einer Eichel, die davon träumt, einst eine große Eiche zu sein. Die Eichel enthält in sich die teleologischen Anlagen, ein innere, zweckgerichtete Kraft, die sie antreibt, eine Eiche zu werden und eben nicht ein Weizenhalm.

Für Aristoteles war diese Bewegung auf die perfekte Form zu und die daraus resultierenden Veränderungen, denen sich die Materie unterzog, der Schlüssel zum Verständnis des Lebens. Er meinte, dass die Materie sich nach ihrer eigenen Vervollkommnung sehnte. Die Brillanz von Aristoteles lag darin, dieses heute anerkannte größere Prinzip in lebenden Systemen erkannt zu haben:[33] Die Materie ist auf ein Ziel gerichtet und sucht ihre eigene Ordnung, und es gibt Strukturen, die ihren eigenen Willen haben, um sich auf bestimmte Weise zu entfalten. Die Vorstellung der Teleologie bei Aristoteles verweist tatsächlich auf die Welt Tiâmats mit den sich selbst ordnenden und aufsteigenden Mustern und war eine Absage an das mechanistische Denken. Denn die Teleologie hat eine Zweckgerichtetheit auf ein Ziel, welches *nicht* bekannt ist, ganz im Gegensatz zur kausalen Kraft der Ordnung, die als ein auf ein Ziel geortetes Tätigsein *vorhersagbar ist*. Das westliche Denken nahm die Lehre des Aristoteles bereitwillig an, aber nachdem man Tiâmat schon zum Schweigen gebracht hatte, gerieten auch seine Lehren zur Teleologie schnell in Vergessenheit.[34]. Bei den Griechen gab es keinen geistigen Platz für die Teleologie, so wurde diese den Religionen zugeordnet – Gott plante alles und zieht uns zu sich hin, einen vollkommenen göttlichen Zustand.

Spätere Denker vereinigten die Arbeit von Aristoteles, allerdings ohne sein Idee des *télos*, mit Platons Denken über die göttliche Welt der Erkenntnis und der Vollendung, um eine Philosophie zu fördern, die auf alle Forschungen über das Funktionieren der sublunaren Welt angewandt werden konnte. Indem man das Wissen mit der eleganten Form gleichstellte, konnte man in der sublunaren Welt nur dann Lösungen suchen, wenn diese ebenfalls elegant waren, selbst wenn dies auf Kosten der beobachteten Fakten ging. Die Wahrheit, als logisch vorhersagbar definiert, und das Göttliche wurden als untrennbar miteinander verbunden angesehen.[35] Wenn eine unelegante Antwort hartnäckig überdauerte, dann existierte diese Antwort nicht, eine Einstellung, mit welcher der italienische Mathematiker Galileo Galilei (1565 – 1642) sich intensiv auseinandersetzen musste.

Aber 90 Jahre zuvor, als Nikolaus Kopernikus (1473 – 1543) nach einer Erklärung für die beobachtbaren Irregularitäten in den Bewegungen des Sonnensystems suchte, passte er seine Lösung an Platons Denkgefüge an. Ausgehend von Platons ursprünglicher Frage nach einer eleganten Lösung, platzierte er die Sonne in das Zentrum des Systems, erlaubte der Erde, diese auf einer ihrer perfekten Kreisbahnen zu umkreisen und erklärte auf diese Weise die Rückläufigkeit der Planeten auf sehr viel einfachere Weise: »Kopernikus war der Meinung, dass eine größere Vereinfachung im Hinblick auf die ‚natürliche' Kreisbewegung ein Zeichen von Realitätsnähe sei.«[36] Unkompliziertheit wurde nicht nur als eine Anforderung an eine ökonomische Methodologie verstanden; Kopernikus betrachtete dies als ein Charakteristikum der Wahrheit. Obwohl sich sein neues Modell des Sonnensystems recht gut in den Rahmen des Neoplatonismus eingefügt hätte, begann eine Periode von 100 Jahren des Umbruchs, in der viele verschiedene anderer Erklärungsmodelle für das Sonnensystem vorgeschlagen wurden. Die endgültige Umwälzung brachte die Arbeit von Johannes Kepler (1571 – 1630) und Galileo Galilei – zweier Männer, deren Werk es war, die Domäne von Kosmos und Chaos neu zu ordnen.

Die Vorherrschaft des kosmischen Paradigmas

Die Supernova von 1604, die Kepler beobachtete und in seinem in Prag gedruckten Buch *De Stella Nova* (1606) darstellte, war nicht nur eine interessante astronomische Beobachtung. Sie war vielmehr der unmissverständliche, ganz offensichtliche und ungeschminkte Beweis für einen Wandel in dem gänzlich unveränderbaren göttlichen Reich – dem Himmel. In seinem *Mysterium Cosmographicum* (Tübingen 1596) folgte Kepler im Hinblick auf perfekte Formen noch ganz dem Denken Platons und schuf sein Modell des Sonnensystems, welches die planetaren Abstände auf regelmäßige Festkörper stützte. Sein späteres Werk *Astronomia Nova,* im Jahre 1609 nach der Entdeckung der Supernova veröffentlicht, war der Abschied von Platons Vorstellungen der Schlichtheit. In diesem Werk formulierte Kepler seine ersten beiden Gesetze der Planetenbewegung. Das erste Keplersche Gesetz behauptet, dass sich Planeten in elliptischen Bahnen um die Sonne bewegen, welche in einem der beiden Brennpunkte der Ellipse steht. Im zweiten Gesetz stellt er fest, dass die Verbindungslinie zwischen der Sonne und den sie umkreisenden Planeten in gleichen Zeiten die gleichen Flächenstücke überstreicht. Da die Bahnen elliptisch sind, zeigte das Gesetz, dass die Planeten auf ihrer Bahn unterschiedliche Geschwindigkeiten haben mussten, das heißt der Planet läuft in Sonnennähe schneller als in Sonnenferne. Die Keplerschen Gesetze entfernten die vollendeten Kreise aus dem göttlichen Himmelreich, und der Kosmos wurde, in Verbindung mit den Beobachtungen der Supernova aus dem Jahre 1604, ein Ort der Veränderungen, der folglich auch das Göttliche nicht mehr enthalten konnte. Indem Kepler den göttlichen Himmel abschüttelte, erfuhr auch Platons Idee, dass man niemals messbare und vorhersagbare Erkenntnisse von der sublunaren Welt erlangen könne, eine Kampfansage.

Galilei war ein Zeitgenosse von Kepler und ebenfalls an den Bewegungen interessiert, aber sein Schwerpunkt lag auf den Bewegungen der sublunaren Welt. Er machte Fortschritte und formulierte Gesetze, welche einige der Wirkweisen dieses so ganz ungöttlichen Ortes erklärten und vorhersagten. Galileo zeigte, dass der Welt der »Nichtordnung« eine Ordnung innewohnte. Sein Annäherung an die sublunare Welt war so radikal, dass der französische Philosoph René Desartes (1596 – 1650) Galileis Physik vollständig ablehnte, weil Galilei zu der Erforschung der Ursache von Bewegung und Gewicht, diese einfach gemessen hatte.[37] Kepler und Galilei standen zwar im Briefwechsel, aber sie verfolgten jeweils ihre eigenen Ziele: der eine die Bewegungen am Himmel, der andere die Bewegungen in der sublunaren Welt. Dennoch vertauschte die zeitgleiche Schockwirkung ihres Schaffens die Polarität von Kosmos und Chaos. Durch die Veröffentlichungen Keplers fiel die Ordnung vom Himmel, durch das Schaffen Galileis fand diese jedoch eine Heimat in der sublunaren Welt. Für eine kurze und angsterfüllte Zeitspanne wurde der Himmel abermals vom Chaos regiert.

Es fällt uns in unserem heutigen Alltag schwer, zu verstehen, welche Umwälzung dieser Wechsel im Denken erzeugt haben mag. Der noch immer perfekte, göttliche Himmel war plötzlich erfüllt von Veränderungen und Unregelmäßigkeiten und erschütterte die reine Gottesvorstellung. Diese turbulente Zeit wurde von John Donne in dem Gedicht *First Anniversary* (geschrieben 1611) sehr gut eingefangen:

Eine neue Philosophie zieht alles in Zweifel.
Das Feuerelement ist beinahe am Erlöschen.
Die Sonne ist verloren und die Erde und keines Menschen Fähigkeiten
Kann die Richtung zeigen, in der man sie suchen kann.
Freimütig gesteht der Mensch, dass diese Welt verausgabt ist,
Wenn sie bei den Planeten und am Firmament
So vieles Neues suchen.

Die vollkommene göttliche Himmelssphäre wurde nicht mehr länger von Gott regiert. Jetzt konnte alles passieren. Dieser Gesichtspunkt wurde von Kepler in einem Brief an den katholischen Kanzler von Bayern, Herwart von Hohenburg, zusammengefasst. Er spricht darin von der Notwendigkeit einer erneuten Rückkehr zum Himmel, allerdings unter anderen Bedingungen:

Mein Ziel ist, zu zeigen, dass die himmlische Macht keine Art göttliches, lebendes Wesen ist, sondern eine Art Uhrwerk (und wer glaubt, eine Uhr habe eine Seele, schreibt die Ehre des Machers dem Werk zu), insofern alle mannigfachen Bewegungen von einer ganz einfachen magnetischen und materiellen Kraft bewirkt werden, genau wie alle Bewegungen einer Uhr von einem einfachen Gewicht herbeigeführt werden. Ich zeige auch, wie diese physikalischen Ursachen numerisch und geometrisch ausgedrückt werden können.[38]

Im Jahre 1619 hatte Kepler auch sein drittes Gesetz der Planetenbewegung in *Harmonices Mundi* (gedruckt zu Linz) formuliert, mit dem er zeigte, dass es einen »eleganten« Bezug zwischen der Umlaufperiode eines Planeten und seiner Entfernung von der Sonne gab. Die Planetenbewegung wurde damit in drei eindeutigen Gesetzen erklärt, und dadurch kehrte die Sicherheit der

Unkompliziertheit und der eleganten Ordnung, wenn auch in revidierter Form, wieder an den Himmel zurück.

Der Kosmos herrschte jetzt sowohl über den Himmel als auch über die Erde. Die Lehre von Galilei verlieh dem irdischen Bereich eine vorhersagbare Ordnung. Keplers Schaffen ermöglichte es dem göttlichen Himmel, eine göttliche Maschine zu werden. Die komplexe und in Wechselbeziehungen stehende Welt des Lebens wurde bis zu diesem Zeitpunkt ignoriert und als jenseits menschlicher Erkenntnis stehend klassifiziert. Jetzt jedoch wurde sogar ihre Existenz geleugnet. Tiâmat wurde nicht nur zurückgeschlagen, ihre Präsenz wurde chirurgisch aus der Formel entfernt.

Es war schließlich Isaac Newton (1643 – 1727), der Tiâmat den letzten und endgültigen Gnadenstoß versetzte. Seine Entdeckung der Schwerkraft, welche die Abläufe im Sonnensystem zu erklären schien, und seine Leistungen im Bereich der Mathematik, wie etwa die Differentialrechnung, brachte stillschweigend mit sich, dass sich auch die sublunare Welt auf das Format einer Maschine reduzieren ließ, bei der irgendwann auch alles vorhergesagt werden konnte. Solche Klarheit in der sublunaren Welt ließ keinen Platz für einen Drachen namens Tiâmat. Alle Fragmente eines Glaubens, der aus der schöpferischen Leere entsprang, wurden entweder der primitiven Welt der »Wilden« zugeordnet oder dem dummen Verstand von Ignoranten.

Newton vermachte uns das Modell einer mechanistischen Weltsicht, die aus einem mechanischen Himmel und einer mechanischen Erde bestand. Von diesem Zeitpunkt an behauptete die auf Newton zurückgehende Wissenschaft, dass alle Dinge erkannt werden können und dass alles vorhergesagt werden kann. Das Streben der Newtonschen Wissenschaft, die vollkommen außer Acht ließ, dass es einmal das Chaos gab, richtete sich ausschließlich auf die Ordnung.[39] Der französische Mathematiker und Astronom Simon de Laplace, der die Position dieser neuen wissenschaftlichen Bestrebungen beschrieb, brachte es mit dem heute so genannten *Laplace'schen Dämon*[40] auf den Punkt:

Wir müssen also den gegenwärtigen Zustand des Universums als Folge eines früheren Zustandes ansehen und als Ursache des Zustandes, der danach kommt. Eine Intelligenz, die in einem gegebenen Augenblick alle Kräfte kennte, mit denen die Welt begabt ist, und die gegenwärtige Lage der Gebilde, die sie zusammensetzen, und die überdies umfassend genug wäre, diese Kenntnisse der Analyse zu unterwerfen, würde in der gleichen Formel die Bewegungen der größten Himmelskörper und die des leichtesten Atoms einbegreifen. Nichts wäre für sie ungewiss, Zukunft und Vergangenheit lägen klar vor ihren Augen.[41]

Bevor Newton jedoch starb, riss er unwissentlich an dem Faden des Verderbens für die höchste Herrschaft des Kosmos. Denn Newton war nicht in der Lage, eine exakte Position von drei sich bewegenden Planeten vorauszusagen, die sich gegenseitig mit ihrer Schwerkraft beeinflussten. Newtons unlösbares Dilemma wurde als das Dreikörperproblem[42] bekannt und war eine Herausforderung für die nächsten Generationen von Mathematikern. Die Lösung ließ bis in das frühe 20. Jahrhundert auf sich warten, als ein neues Kapitel in dieser langen Schlacht eröffnet wurde.

Zwischenzeitlich geriet schon Immanuel Kant aufgrund der Annahme, dass ein Organismus keine Maschine ist, in Widerspruch zur mechanistischen, klugen und geordneten Weltsicht Newtons.[43] Indem Kant die zum Schweigen gebrachte Gegenwart der Leere spürte, folgerte er, dass Leben sich von den einzelnen Gegenständen unterschied, und dass es in eine andere Welt gehörte, eine andere Form von Ideen und Prinzipien. Charles Darwin (1809 – 1882) beendete diese Debatte. Seine Evolutionstheorie, mit der er annahm, dass sich komplexe Organismen einzig und allein durch den Überlebenstrieb der Stärksten entwickeln konnten, nahm alle teleologischen Ansatzpunkte oder die Aspekte der Selbstorganisation aus der Beweisführung. Seine Theorie wurde als der letzte Beweis für die Gültigkeit der reduktionistischen und mechanisierten Weltsicht aufgefasst. Ihr zufolge beruhte das Leben auf Veränderung, und es wurde unwillkürlich. Die Existenz war lediglich noch das Nebenprodukt der Gene, die von der Kraft der Evolution angetrieben wurden und durch den Selbsterhaltungstrieb neuen Brennstoff erhielten.

Marduk beanspruchte die Krone, indem er die neue Waffe des Darwinismus einsetzte. Nun konnte er in aller Ruhe herrschen. Marduk, der Sonnenkönig des Lichts, der höchste Gott der Ordnung, hatte endgültig die Herrschaft über alle Dinge inne, die oben und die unten. Tiâmat war tot.

Astrologie im intellektuellen Getto

Aber Tiâmat weigerte sich zu sterben. Ignoriert und in jeder Form verleugnet, befand sich die chaotische Welt nun in einem intellektuellen Getto und entwickelte eine Sondersprache und eine Insider-Kultur. Das Newtonsche Wissenschaftsdenken stempelte jeden Beleg für eine spontan aufkommende Ordnung aus der kreativen Leere als dummen Aberglauben oder einfach als Zufall ab. Intuitionen waren im besten Fall merkwürdige Gefühle; im schlimmsten Fall wurden sie als böse abgetan. Berichte von sich wiederholenden Querverbindungen zwischen Ereignissen nannte man »Altweibergeschichten«, und Verfechter und Überzeugte, ja selbst diejenigen, die die möglichen verketteten Lebensmuster zu verstehen versuchten oder deren Möglichkeit anerkannten, wurden als Spinner, Scharlatane, Schwindler, Leichtgläubige oder Teufelsanbeter angesehen. Dies war das Getto außerhalb des eingezäunten Gartens.

Viele Astrologen haben sich gegen die soziale und intellektuelle Verbannung in dieses Getto aufgelehnt und haben versucht, innerhalb des geschützten Gartens ein Zuhause für die Astrologie zu finden. Motiviert von dem Wunsch, an der Weltanschauung des Kosmos teilhaben zu können, glauben manche Forscher sogar, die Astrologie gehöre in die Welt von Ursache und Wirkung. Andere Forscher, denen die Welt des Chaos nicht bewusst ist, kämpfen erbittert für das Denken, dass es nur die Welt des eingezäunten Gartens gibt.

Die astrologischen Reformer – der lange Weg des Versagens

Claudius Ptolemäus (ca. 150 n. Chr.) glaubte, er sei der einzige einflussreiche Astrologe und Astronom in der Geschichte.[44] Da er auf den Schultern von 700 Jahren griechischer Philosophie stand, wandte er seine Aufmerksamkeit der Physik seiner Zeit zu, der Astrologie. Die Horoskopie entstand in Griechenland ungefähr im 4. Jahrhundert vor Christus. 500 Jahre später war Ptolemäus, ganz in der platonischen Tradition verhaftet, bestrebt, die Logik des Gegenstandes zu korrigieren, zu verbessern und zu perfektionieren. Er veränderte die »Herrscher der Grenzen[45]«, ließ einen Triplizitätsherrscher fallen und stellte generell die philosophische Logik der Astrologie zur Debatte. Ptolemäus' ganz offensichtlicher Wunsch war es, die Astrologie mit der neuen Verherrlichung der Ordnung zu versöhnen. Es war sein Ziel, eine logische, aristotelische Grundlage für die Astrologie zu erstellen, so wie er in seinem Werk *Almagest* das Fundament für die Astronomie geschaffen hatte. Der *Tetrabiblos*[46] hinterließ nachhaltige Wirkungen auf die Praxis der Astrologie, gab der Astrologie aber kaum eine Chance, in die Welt des Kosmos einzutreten.

Tausend Jahre später versuchte ein anderer Reformastrologe, nämlich der spanische Theologe Ramon Llull (1232 – 1316), eine »wissenschaftliche« oder strenger geordnete Astrologie zu entwickeln. Er zerlegte alle astrologischen Bestandteile eines Horoskops bis in ihre einfachste Form, ordnete ihnen einen Buchstaben zu und baute diese dann in einer Art Algebra wieder zusammen mit dem Zweck, ein folgerichtiges Verständnis der astrologischen Strukturen zu gewinnen. Diese reduktionistische Vorgehensweise, in der Astrologie ein lineares System zu sehen,[46] wurde von späteren Astrologen nicht mehr vorangetrieben, genauso wenig ermöglichte diese der Astrologie den Zugang zu der Welt des Kosmos. Ramon Llull starb als Märtyrer, als er versuchte, die Sarazenen zum christlichen Glauben zu bekehren. Aber allein die Tatsache, dass er versucht hatte, die Astrologie in die Welt der Ordnung einzuführen, war dem Klerus ein ausreichender Belege für seine »bösen Praktiken«, so dass ihm die katholische Kirche die Seligsprechung verweigerte.

Wiederum 300 Jahre später reformierte Johannes Kepler auf der Suche nach einem mechanischen Firmament die Kunst der Winkelbildung in der Astrologie. Vor Keplers Zeit fanden sich die geometrischen Bezüge zwischen Planeten nicht nur in ihren Abständen von der Ekliptik, sondern diese waren auch abhängig von der »Planetenpersönlichkeit« und »deren Ort (Haus).« »Örter« standen nicht in einfachem Austausch mit anderen Orten und bestimmte Planeten hatte keine Eigenschaften, die wiederum zu anderen Planeten passten oder für diese empfänglich waren. Weiterhin stand ein Planet auf zweierlei Weise im Bezug zu anderen Planeten. Erstens mit ihrem eigenen Einflussbereich und zweitens, indem sie verpflichtend an jeden Planeten in ihrem eigenen Haus gebunden waren (Rezeption). Diese zwei Bezüge bedeuteten im Endeffekt, dass Planeten wie die Mitglieder einer kleinen Gemeinschaft funktionierten, sozusagen wie das »Dorf des Horoskops.« Im Rahmen dieser Vorstellung eines horoskopischen Dorfes besaßen einige Planeten größeren Einfluss als andere. War ein Planet »Gast« eines solch eines maßgeblichen Planeten, dann wurde ihm die Gastfreundschaft zuteil, und er konnte effektiver im Horoskop wirken. War ein Planet dagegen nicht bei einem anderen Planeten zu Gast, befand sich aber im Wirkungsbereich dieses anderen Planeten (zum Beispiel im Aspekt), dann wurden auch diesem Planeten die Vorzüge der Wechselverbindung zuteil. Das Geburtsbild war ein Dorf der Planeten, die alle an Beziehungen beteiligt waren, und es war bevölkert mit Herrschern, Armen, reichen Kaufleuten, Grundbesitzern, Pächtern, Ehrengästen, Fremden usw.

Angetrieben von seinem Wunsch nach einer mechanischen Welt beseitigte Kepler diese »Leute« aus dem Horoskop und ersetzte sie durch eine schablonenartige Winkelbildung. Seine Aspekttheorie implizierte Folgendes: Wenn eine Person einen Raum betrat, dann wurde die Beziehung zu der Gruppe von Menschen in dem Raum lediglich durch das geometrischen Verhältnis zu jedem einzelnen von ihnen definiert. Ihre Geschichte als Gruppe, ihre Persönlichkeit, ihr Erscheinungsbild, die Kultur oder die Körpersprache konnte nichts zu der Fähigkeit beizutragen, Beziehungen mit einem der Gruppenmitglieder einzugehen. Nachdem Kepler sich aus dem Gefängnis der Beziehungsbedürfnisse innerhalb des Horoskops befreit hatte, konnte er dem astrologischen Wissen weitere Winkel hinzufügen – Halbsextil, Halbquadrat, Anderthalbquadrat und Quincunx – und hat die Planeten auf diese Weise erfolgreich von »Leuten im Horoskop« in Felsen auf Umlaufbahnen verwandelt. Kepler räumte in der Astrologie weg, was seiner Meinung nach undefinierbar und unkontrollierbare Komponenten waren, eben das Dorf im Horoskop, denn für ihn waren Geometrie und Zahlen das Ein und Alles. Keplers Reformen bedeuteten einen substantiellen Eingriff in die Philosophie der westlichen Astrologie, denn dadurch veränderte sich das Wesen oder die Rolle der Planeten in einem Horoskop. Aber seine Arbeit hatte keinen Einfluss darauf, dass die Astrologie die Mitgliedschaft in Welt des Kosmos erlangt hätte.

Geometrie war auch für Reinhold Ebertin (1901 – 1988) im 20. Jahrhundert ein zentrales Anliegen. Er entwickelte die Kosmobiologie, welche bevorzugt mit den Halbsummen und den daraus resultierenden geometrischen Halbsummenbäumen arbeitet. Ebertin drängte die Bedeutung von Tierkreiszeichen, Aspekten und Häusern ganz zugunsten der Halbsummenbäume zurück und zerlegte diese noch weiter in die geometrischen Planetenstrukturen. Dies war Ebertins Versuch, eine wissenschaftliche Astrologie zu erschaffen und sie abzuheben von dem, was seiner Meinung nach eher altertümliche, unvollkommene und vulgäre Ursprünge hatte. So sagt er:

Durch den Verfasser dieses Buches wurde die Kosmobiologie in Abgrenzung zur antiken Astrologie innerhalb der letzten 40 Jahre zunehmend bekannt gemacht.[47]

Dies ist letztlich eine Fortführung von Ptolemäus', Llulls und Keplers Bestrebungen, nämlich die Astrologie auf einfachere und geordnetere Einheiten zu reduzieren, auf die man dann ein reduktionistisches Denken anwenden kann. Ebertins Schaffen hatte zwar einen großen Einfluss auf die praktische Astrologie, aber es hat der Astrologie dennoch nicht zu einem Zugang in die Welt des Kosmos verholfen.

Die Suche nach Akzeptanz in der kausalen Welt der logischen Ordnung wird auch in der Tätigkeit von Michel und Françoise Gauquelin reflektiert. Zwar hatte das Ehepaar nicht versucht, die Astrologie zu erneuern, aber sie wollten die Astrologie innerhalb eines wissenschaftlichen Modells beweisen. Ihr bekanntestes Forschungsergebnis ist der sogenannte Mars-Effekt, den sie 1955 in dem Buch *L'Influence des Astres*[48] publizierten. Sie zeigten, dass die tägliche Marsposition in bestimmten Zonen des Horoskops von französischen Sportlern statistisch signifikant waren. Es folgte über 40 Jahre eine Auseinandersetzung zwischen astrologischen Skeptikern und dem Ehepaar Gauquelin. Nach wie vor halten einige den Mars-Effekt für ein statistisch valides Ergebnis, aber einerlei, ob man dies als einen Beweis für die Astrologie ansehen kann oder nicht: Es ist auf alle Fälle nicht die Art von Beweis, den sich die meisten Astrologen erhofften, denn er trägt nichts dazu bei, ihre tägliche Arbeit zu rechtfertigen.[49]

Die Astrologie sucht die Anerkennung
als Heilige Wissenschaft

Es gibt jedoch auch noch andere Wege, um am kosmischen Paradigma teilhaben zu können. So wie man die kosmische Mitgliedschaft durch ein Entfalten von wiederholbarer Linearität in der sublunaren Welt suchen kann, so kann man diese auch in der göttlichen Welt anstreben.

Es gab viele in den letzten 2000 Jahren, die räsoniert haben, dass die Astrologie sehr viel mehr zu bieten habe als nur Quantität und Zahlen, und sie haben die Astrologie tatsächlich im Reich Gottes angesiedelt. Für diese Menschen ist die Astrologie eine geheiligte Wissenschaft, eine Form spirituellen Wissens, deren Ausübung zu einem tieferen Verständnis vom Mysterium des Lebens und dessen Bezug zum Göttlichen führt. Im Grunde entspricht dies der göttlichen Suche aus Platons kosmischer Weltsicht, und als solche wurde ihre Definition und ihre Wesensart von vielen Denkern wieder verarbeitet. Einer dieser Philosophen war Plotin (204 – 270), der die geistige Kontemplation zu einem mystischen Prinzip erhob und dadurch den heute so genannten Neoplatonismus ins Leben rief.

Plotin dachte über die Idee der menschlichen Seele nach und lehrte, dass diese aus einem höheren und einem niedrigeren Teil zusammengesetzt sei. Der höhere Anteil der Seele, die Weltseele, war unveränderbar und göttlich und versorgte den niedrigeren Anteil mit Leben. Die untere Stufe des Seelischen war der Sitz der Persönlichkeit und deswegen erfüllt von sinnlichen Leidenschaften und den Lastern des Lebens. Es war die Pflicht der untersten Stufe des Seelischen, durch geistige Beschäftigung aufzusteigen und eine Vereinigung mit dem Einen zustande zu bringen. Der Neoplatonismus wurde als »Antwort der Intellektualisten ... auf die Sehnsucht nach persönlicher Erlösung«[50] definiert. Wir können noch einen Schritt weiter gehen und die Ansicht äußern, dass der Neoplatonismus die Ordnung ist, die ihre Erlösung ausschließlich durch ihre eigene Spezifizierung auf Erkenntnisvermögen und Wissen sucht.

Dies war eine durchschlagende Vorstellung für das neue Paradigma des Kosmos. Der heilige Augustinus (354 – 430) griff die neoplatonistische Philosophie Plotins auf und goss sie in das Herz der neuen Religion, das Christentum. Diese beiden Denkweisen waren äußerst kompatibel. Das göttliche Reich des Neoplatonismus konnte auch von Christus dem Allmächtigen beherrscht werden, dessen göttlicher Monismus automatisch Platons Vorstellung des Gottesreiches ergab. Es war eine Hochzeit, die buchstäblich im Himmel vollzogen wurde. Da die neue Religion des Christentums geschickt im Neoplatonismus personalisiert wurde, konnte jemand, der einen höheren Lebenssinn anstrebte, den Pfad der Erkenntnissuche beschreiten. Wissen wurde der Weg zu Gott. In diesem Verfahren der linearen Welt konnte die Ordnung nicht nur die Mechanismen für die Entdeckung neuer Erkenntnisse liefern, sie legte vielmehr nahe, dass diese Erkenntnis tatsächlich die persönliche Erlösung bedeutet. Diese Art der Erlösung führt zu einem göttlichen Wesen, welches als extern und außerhalb des Systems existierend definiert wird, einem transzendenter Gott.

Dies ist eine sehr wirkungsvolle und verführerische Philosophie, und sie bietet einen Schutzraum für jene Astrologen, die der Dürre der Wissenschaft entkommen möchten. Jedoch so bequem es für manche Praktiker auch sein mag, für die Astrologie einen Platz in den Denkweisen des Neoplatonismus einzufordern, dieses philosophische Gerüst wird nach wie vor eingeschränkt und bestimmt von dem siegreichen Marduk und dem mit ihm zusammenhängenden Verständnis von Kosmos sowie seiner Verherrlichung der Ordnung. Denn die Astrologie als einen Weg aufzufassen, auf dem man der Vereinigung mit der eigenen höheren Seele nähertreten kann, ist immer noch die Suche nach einer Teilhabe am kosmischen Paradigma über das Schlupfloch der Spiritualität.

Astrologie kann durchaus eine Form von Spiritualität darstellen, aber falls dem so ist, dann ist ihre Vorstellung von Göttlichkeit gemäß den chaotischen Mythen eher immanent als transzendent und pluralistisch. Es ist etwas vielgestaltig Göttliches, das keine einzelne Spezies und keinen Gegenstand begünstigt und sich ständig in allen Dingen bewegt. Es ist eine nicht planende, nicht personifizierte Form der Göttlichkeit, ohne jede hierarchische Struktur und ganz eindeutig ohne die göttliche Gestalt, die Augustinus sich vorstellte, als er den Neoplatonismus mit dem Christentum vermischte.

Leben im Getto

In einer Welt zu leben, die durch die Philosophie des Kosmos geprägt ist, bedeutet, dass Astrologen ambivalent sind bezüglich ihrer Identität und ihrer Absichten. Eine Studie von Garry Phillipson[51] zu diesem Thema ergab, dass es unter den verschiedenen Gruppierungen von Astrologen auch solche gibt, die glauben, die Astrologie sei eine Wissenschaft, und diese Fraktion verfolgt weiterhin den Kurs, diese mit wissenschaftlichen Methoden zu erforschen. Phillipson betrachtet auch Astrologen, die die Astrologie mit einer Art Magie verbinden und ihr Handwerk eher als Divination betreiben, während wieder eine andere Gruppe die Astrologie als eine Sprache versteht. Ein noch ganz anderer Zugang lässt sich in der Arbeit von Patrick Curry finden, der vermutet, dass die Ausübung der Astrologie ein Instrument der Zauberei ist. Auf diese Weise erfährt die Menschheit Mysterien, Ehrfurcht und Wunder erfährt.[52] Im Mittelpunkt steht für ihn, dass es für die Astrologie unumgänglich ist, von der Hauptströmung des Denkens an den Rand abgedrängt zu werden, um ihre Position aufrecht erhalten zu können. In der Tat stellt Curry im gleichen Absatz fest, dass jeder Erfolg, den die Astrologie dadurch erreicht, dass sie sich dem Mainstream zuwendet, »auf Kosten ihrer Seele« geht.

Astrologie kann all dies sein – wissenschaftlich, magisch, eine

Sprache oder ein Vehikel für die Zauberei – oder nichts von alledem. Mit ihrem Durcheinander der Identitäten, der verschiedenen Gemeinschaften und ihren vielen unterschiedlichen Ausprägungen und Definitionen demonstriert sie möglicherweise gerade ihre Unfähigkeit, einen festen Platz innerhalb der kosmischen Philosophie zu finden. Tatsächlich versucht die Astrologie, sich in der kosmischen Philosophie zurecht zu finden, und dies schon seit den Anfängen der Philosophie, aber das ist ihr regelmäßig misslungen.

Somit bedarf die Astrologie, verdammt vom Establishment und undeutlich durch die Vielfalt ihrer Ausdrucksformen, einer Neueinschätzung. Statt dass ihre Anhänger und ihre Kritiker in einer polarisierten Argumentation zwischen Spiritualität und Wissenschaft stecken bleiben, welche beide eine Funktion im kosmischen Paradigma ausüben, sollten wir uns in die Lage versetzten, den toten Punkt zu überwinden, indem wir Astrologie als einen Bestandteil der Chaos-Philosophie betrachten – ein Kind von Tiâmat, dem Drachen.

Denn wenn Astrologie in der Zeit der Drachen geboren wurde, wenn sie wie ein Drache aussieht, wie ein Drache handelt und wie ein Drache behandelt wird, dann ist sie vielleicht ein Drache.

Chaos für Anfänger – Tiâmat rührt sich

Es war spät abends und Edward war müde. Er wollte bloß noch eines: Das Labor abschließen und die 20 Meilen nach Hause fahren, aber er wusste, er musste noch einen letzten Datendurchlauf starten, bevor er gehen konnte. Wir schreiben das Jahr 1961, und Edward, ein Meteorologe am Massachusetts Institute of Technology, versuchte, mit Hilfe von Computern ein Modell des Wetters zu erstellen. Das darin liegende wirtschaftliche Potential war von unschätzbarem Wert, denn wenn man das Wetter vorhersagen konnte, dann konnte man auch lernen, wie man das richtige Wetter nach Belieben erzeugen konnte. Edward Lorenz war, wie jeder andere Wissenschaftler, davon überzeugt, dass das Wetter durch die neuen Möglichkeiten der Berechnung vorhersagbar wurde.[53]

Das Wettermodell von Lorenz, *Royal McBee* genannt, war der Versuch, eine bestimmte Reihe von sehr präzise definierten Parametern mit jeder denkbaren Wettervariable zu korrelieren. Aber an diesem Abend war Lorenz müde, und es war schon spät. Er beschloss, seinen letzten Computerdurchlauf abzukürzen, indem er auf halbem Weg eingriff und von Hand die Variablen eingab. Seine Ausdrucke der vorangegangenen Berechnung hatte ihm die Variablen mit einer Genauigkeit von drei Dezimalstellen (Tausendstel) ausgegeben, tatsächlich aber speicherte der Computer diese mit einer Genauigkeit von sechs Dezimalstellen (Millionstel). Er hatte sie also unbeabsichtigt aufgerundet, da er nur drei Dezimalstellen eingegeben hatte.

Dann setzte er seinen Rechner in Gang und holte sich einen Kaffee.

Als er zurückkehrte, stellte Lorenz fest, dass *Royal McBee* anstatt das von ihm erwartete Wettersystem anzuzeigen, vollkommen andere Muster erzeugte. Er entdeckte später, dass das Fehlen der letzten Dezimalstellen sich verheerend in seinem System ausgewirkt hatte, und dass schon die kleinsten Veränderungen an den ursprünglichen Anfangswerten, extrem andere Strukturen in den Wettersystemen erzeugte. Sehr viel alarmierender aber war die Tatsache, dass diese Effekte nicht linear waren. So konnte er beispielsweise die Größe eines Tornados nicht messen, indem er eine Variable auf die eine oder andere Weise verschob. Ein leichter Stupser, der eine den Tornado beschreibende Variable drehte, konnte die Berechnungen für das Wetter sofort in einen ruhigen Sonnentag oder in sengende Hitze wechseln lassen. Sein Wettersystem funktionierte nicht mehr für die Vorhersage, und schon gar nicht auf logisch nachvollziehbare Weise.

Lorenz hatte die Biosphäre, so gut er konnte, nachgebildet, und in seinem Versuch, diese vielfältig miteinander verkettete, von Varianten abhängige und sensible Umgebung zu spiegeln, hatte er völlig unwissentlich etwas ganz anderes am Computer modelliert. Er hatte seine Arbeit zu gut gemacht, denn seine auf dem Computer aufgebaute Biosphäre fing an, genauso zu reagieren wie die wirkliche Biosphäre. Nun hatte Lorenz nicht erwartet, eine neue Welt zu entdecken, denn seit der Zeit Newtons hatten sich die Menschen das Universum als eine Weltmaschine vorgestellt. Was Lorenz ganz zufällig fand, war etwas anderes: eine nicht mechanistische aufgebaute Welt mit anderen Regeln und anderen Eigenheiten. Mit dem damals noch neuen Werkzeug des Computers hatte Lorenz versehentlich eine elementare Leere geschaffen, potentiell die gleiche schöpferische Leere, auf welche die Mythologie Bezug genommen hatte. In den Mythen ist die Leere ein mit Potential gefüllter Bereich, aus dem neue Strukturen oder Ordnungen spontan entstehen.

Wir wissen nicht viel mehr über die Leere, außer dass eine neue Ordnung, wenn sie entsteht, auch wieder zurückkehrt, erneut entsteht und zurückkehrt – immer und immer wieder. In diesen Mythen wird das erste eindeutige erkennbare Motiv als die erste unabhängige Lebenskraft porträtiert, die dann unterstützend dazu beiträgt, andere Formen aus der Leere zu heben. Aber in jener Nacht wusste Lorenz nichts von dieser Leere, denn die Existenz der Leere wurde schon seit sehr langer Zeit verleugnet.

Die Leere ist nicht so leer, wie der Kosmos dachte

Was Lorenz entdeckte, war etwas, das wir schon instinktiv verstanden hatten. Es ist einfach, aber man hatte nicht erwartet, dies in geschlossenen Systemen (also solchen, in denen alle Variablen bekannt sind) wie Zahlen oder Computern anzutreffen. Was wir aber wissen ist Folgendes: wenn man eine Gruppe untereinander fremder Menschen in einem Raum zusammenbringt, bilden sich Gruppen, es kommt zu Gesprächen, Ideen entstehen, Freundschaften bilden sich, Bündnisse werden geschlossen, Debatten brechen aus, und es kann Romanzen geben. Die Liste ließe sich endlos fortführen. Wir wissen auch, dass der präzise Ablauf dieser Ereignisse nicht vorhersagbar ist. Wenn wir dieselbe Menschengruppe ein zweites Mal in denselben Raum stecken, dann finden andere Gespräche statt, kommen andere Ideen auf. Dies ist Erfahrungswissen, das wir als selbstverständlich betrachten und für das wir keinen sicheren, wissenschaftlichen Beweis mehr benötigen.

Was Lorenz in jener Nacht entdeckte, war die Tatsache, dass dieses bekannte spontane und unvorhersagbare Entstehen von Ordnung nicht nur der Welt der Lebewesen zugehörig ist, – Menschen in einem Raum, Bienen in einem Korb, Fische im Meer – sondern dass dies durchaus auch ein Charakteristikum des nicht Lebendigen ist wie beispielsweise den Wettersystemen, die aus verketteten Komponenten der Biosphäre entstehen. Tatsächlich war dazu lediglich notwendig, dass die »Objekte« Teil einer vielschichtigen Umgebung mit Rückkopplung waren: Verschiebe ein Teil, dann zieht es ein anderes, welches zurück drückt und dann das erste verändert, welches im Gegenzug auf das dritte einwirkt, dieses wiederum zerrt an dem zweiten und vierten usw. Ob es sich dabei um eine redende Menschenmenge in einem Raum handelt oder einen Vogelschwarm oder eine Zusammenstellung von verknüpften und vernetzten Variablen – alle diese Gruppen mit starken gegenseitigen Wechselwirkungen werden spontan eine neue Ordnung schaffen, die man sich zuvor nicht vorstellen konnte und die nicht durch äußere Einwirkungen erzeugt wird. Sie ist geordneter Zustand, der ohne äußeren Eingriff entsteht, eine Ordnung ohne Gestalter, *creatio ex nihilo* – die Schöpfung aus dem Nichts.

Wir alle erfahren diese spontane Ordnung als einen Bestandteil unseres Lebens. Jede Gruppierung, der wir beitreten, sei es es zum Zweck der Arbeit oder zum Spaß, lässt in uns Fragen über die potentiellen neuen Strukturen (Freundschaften, Feindseligkeiten, Chancen) hochkommen, die entstehen könnten. Werden diese nicht vorhersagbaren Muster gut oder schlecht sein? Wird es eine gute Gruppe sein, an der wir Vergnügen haben werden, oder wird es eine Katastrophe aus Konflikt und Konkurrenz werden? Genau diese Erwartung an das spontane Entstehen bestimmter Strukturen oder Ordnungen aus der Gruppe heraus bedeutet, dass wir empirisch schon einige der Grundmerkmale der Chaos-Theorie verstehen. Zugleich ist dies aus sich heraus ein Beweis für die Existenz der Aktivität des chaotischen Paradigmas in unserem Leben.

Des weiteren wissen wir, dass in jeder Gruppe manche Freundschaften sich wieder auflösen, während andere über viele Jahre halten, manche der diskutierten Ideen wachsen und schlagen Wurzeln, während andere zur Leere zurückkehren und verschwinden. Dies ist die neue Ordnung, die entsteht und wieder verschwindet, aufsteigt und wieder abtaucht usw. Es ist der herumwirbelnde Treibsand des Nils im ägyptischen Schöpfungs-mythos. Niemand kann sein endgültiges Resultat vorhersehen; was wir voraussagen können, ist lediglich, dass der Sand Motive bildet und dass eine Ordnung entstehen wird.

Die klassische Wissenschaft, die ihr Hauptaugenmerk auf die mechanische Welt wirft und auf die Bezähmung einer Welt der getrennten Objekte, hatte kein Verständnis für dieses Phänomen. Tatsächlich schreibt die herkömmliche Wissenschaft Folgendes vor, wenn man einen Raum voller »Menschen« hat: Nach einer gewissen Zeit sitzen oder stehen alle Personen im gleichen Abstand voneinander in einem stillen Raum. Möchte man eine Konversation in Gang bringen oder irgend eine Art von Ordnung entstehen lassen, so muss dies im Denkschema der klassischen Wissenschaft bewusst und von außen bewirkt werden. Außerdem gilt, wenn man einen äußeren Architekten hat, der die Ordnung herstellt, dass man die gleiche Ordnung zu jeder Zeit wieder reproduzieren kann, indem man dieselben kausalen Elemente einführt. Dies ist die Welt der Ordnung: Sie ist vorhersagbar und wiederholbar. Lassen wir ein bestimmtes Diskussionsthema in den Raum einsickern, dann müsste sich erneut die exakt gleiche Diskussion entfalten. Die klassische Wissenschaft läge vollkommen richtig mit ihrer Vorhersage über diese Gruppe, wenn wir diese in dem Raum belassen würden, bis sie alle gestorben sind, zudem den Raum versiegelt hätten und die Körper lange genug dort gelassen hätten, denn alle Atome ihrer zersetzenden Körper würden sich dann eines Tages im Raum ausbreiten und sich folglich auf eine mechanistische Weise verhalten.

Lorenz entdeckte, dass nicht-lebende Objekte oder Variablen in einer vernetzten Umgebung spontan neue Ordnungsmuster bildeten, und zwar auf die gleiche Weise, wie lebende Einheiten in einem lebendigen System. Sein Modell war einfach und in sich geschlossen, was heißen soll, dass er mit einer definierten Reihe von Variablen arbeitete. Aber selbst in diesem geschlossenen System hatte er durch eine leichte Abänderung der Ziffern und den verkürzten Rechenlauf sozusagen leicht veränderte Gesprächsthemen in diesen »Raum« eindringen lassen und gelangte schließlich zu einem völlig veränderten Gesprächsstoff in seiner »Gruppe«.

Lorenz beschloss, sich auf dieses Phänomen, bei dem eine minimale Veränderung an einer Variable unvorhersagbare Ergebnisse hervorrief, zu konzentrieren Im Jahr 1963 veröffentlichte er ein Papier[54] über seine Arbeit mit dem Titel: »Vorhersagbarkeit: Kann der Flügelschlag eines Schmetterlings in Brasilien in Texas einen Tornado auslösen?« Er hatte entdeckt, was später als Sensitive Abhängigkeit von den Anfangswerten oder abgekürzt SDIC (Sensitive Dependence to Initial Conditions) genannt wurde. SDIC zeigt auf, dass schon die geringste Veränderung der Anfangsbedingungen in einem komplex vernetzten System am Ende unverhältnismäßige Differenzen entstehen lässt. Wir kennen dies aus unserem alltäglichen Leben: Ein belangloses Vorkommnis in jenem mit Menschen gefüllten Raum kann vollkommen andere längerfristige Resultate entzünden. Aber nun wurde diese Erkenntnis in der Welt der Formeln und Zahlen entdeckt – Zahlen, die sich auf nichtlineare Weise beeinflussten! Tiâmat regte sich.

Im Jahre 1975 bezeichnete James Yorke den Schmetterlingseffekt von Lorenz als *Chaos.* Der Begriff wurde mit all den negativen kulturellen Werten verwendet, die dem Chaos und der Unordnung im Abendland zugeschrieben wurden. Aber jetzt sollte das Chaos eine Art Ordnung erbringen, die man in Formeln fassen und berechnen konnte.

Durch den französischen Mathematiker Henri Poincaré (1854-1912) hätte die Wissenschaft schon vorgewarnt sein können. Im Jahre 1899 löste er ein mathematisches Problem, das schon seit der Zeit von Isaac Newton vorhanden war. Es war das Newtonsche Dreikörperproblem, welches die Frage aufwarf, wie man die exakte Position von drei Planeten vorhersagen kann, die sich alle gegenseitig durch ihre Schwerkraft beeinflussen. Poincaré bewies mathematisch, dass es dafür keine Lösung gibt, da die Position der Planeten nur geschätzt werden konnte. Mit dieser anscheinend so simplen Feststellung zeigte Poincaré die Grenzen der mechanistischen Weltsicht auf. Er bewies, dass man bei drei oder mehr Objekten, die sich wechselseitig beeinflussten, die daraus resultierende Aktivität nicht prognostizieren konnte. Poincarés Auflösung enthüllte, dass die Welt von Beweis, Berechnung und Wahrscheinlichkeit, sprich der wissenschaftlichen Methode, an ihre Grenzen stößt, sobald drei oder mehr Gegenstände in Rückkopplung zueinander kombiniert wurden. Damit legte Poincaré den geistigen Grundstein für die Quantenmechanik und für die Heisenbergsche Unschärferelation (1927), und er wird heute respektvoll als der Großvater der Chaos-Theorie bezeichnet.

Damals, als Lorenz sein komplexes Modell der Wetterbedingungen schuf, war indes Poincarés Entdeckung noch niemandem wirklich bewusst oder aufgefallen. Tatsächlich wurde Poincarés Lösungsvorschlag in wissenschaftlichen Kreisen weitgehend ignoriert, selbst in einer Zeit, als seine Theorie für Denker in der Philosophie des Kosmos unerwünscht war, da sie eine wie ein Uhrwerk funktionierende vorhersagbare, mechanistische Welt bevorzugten. Im Jahre 1960 hatte sich daran noch nichts geändert. Meteorologen, die sich zuversichtlich auf die ausschließliche Existenz einer mechanisch funktionierenden Welt verließen und genügend Zeit und Geld zur Verfügung hatten, hegten die Erwartung, dass das Wetter vorhersagbar und hoffentlich kontrollierbar war.

Mechanistische Systeme sind lineare und dynamische Systeme: wenn die Lufttemperatur nur einen Einfluss auf den Luftdruck hat, was umgekehrt nur den Feuchtigkeitsgehalt der Luft beeinträchtigt usw., dann könnten sich Wetterstrukturen auf eine direkte und lineare Weise in das kosmische Paradigma einfügen. Aber das Wetter gehört zu den sogenannten nichtlinear dynamischen Systemen (auch als chaotische Systeme bezeichnet), und diese sind, wie Lorenz entdeckte, für die reduktionistische, lineare Methodologie der herkömmlichen Wissenschaft völlig unzugänglich[55].

Für die Wissenschaft war dies ein Schock. Seit dem 17. Jahrhundert, nämlich seit Descartes wurde »Wahrheit« als das definiert, was überprüfbar war. Die Wissenschaft erklärte das Wissen für *wahr*, welches durch messbare, quantitative und mechanistische Versuche gewonnen wurde, also wie schnell, wie schwer, wie hoch, wie heiß usw. etwas ist. Falsch und irrig galt alles Wissen, das sich nicht wiegen und messen ließ – also phänomenologisches Wissen.

Die wissenschaftliche Methode war darauf angelegt, lineare dynamische Systeme zu testen, und weil eben nur lineare dynamische Systeme diesen wissenschaftlichen Standard halten konnten, war man der Meinung, dass nur diese linearen dynamischen Systeme Wahrheiten lieferten. Dies ist ein einfacher und nach Sicherheit suchender Prozess: Kann man es nicht wägen, dann kann man es auch nicht testen; kann man es aber nicht testen, dann ist es nicht *wahr;* wenn es nicht wahr ist, dann ist es falsch; wenn es falsch ist, dann existiert es nicht. Und so können wir uns sicher fühlen in der Selbsttäuschung, dass alles erfasst und kontrolliert ist. Lediglich die mechanistische lineare Welt kann mit dem wissenschaftlichen Modell bewiesen werden, folglich kann auch nur die mechanistische lineare Welt existieren. Es gab keine Welt außerhalb des Gartenzauns.

Die Vorherrschaft der mechanistischen Weltsicht hat ihre Philosophie auch den sozialen Systemen aufgezwungen. Höher stehende oder gesündere Systeme waren demnach jene, die Stabilität, Zuverlässigkeit und Vorhersagbarkeiten an den Tag legten. Gleichgewicht war und ist die erste Priorität für Wirtschaftssysteme[56]. Im erweiterten Umfang wurde die Vorstellung von Gleichgewicht auch zum Ziel für Organisationen, politische Systeme, Populationen, Gemeinschaften und schließlich auch für das Leben des Einzelnen. Gesundheitsvorsorge und Medizin fordern einen auf, ein beständiges und geregeltes Leben im Gleichgewicht zu führen[57], ein Leben zu führen wie eine Maschine, was die Erkenntnisse der klassischen Wissenschaft in unser Leben spiegelt. Aber sind wir Maschinen? Die

Leistungen von Newton, Poincaré, Lorenz und vieler anderer nach ihnen geben zu erkennen, dass Objekte oder Variablen, die in einer eng vernetzten Umgebung existieren, nicht wie Maschinen funktionieren. Stattdessen funktionieren sie chaotisch, wie die Leere der schöpferischen Mythen, die geradezu strotzt von neuen Ideen, in einer aufsteigenden und wieder absteigenden Ordnung. Die Menschen in dem von uns vorgestellten imaginären Raum sind ein nichtlineares dynamisches System, das auf chaotische Weise funktioniert, solange bis diese sterben. Danach verhalten sich die Atome ihrer Körper gemäß einem linear-dynamischen System.

Lorenz hatte, ähnlich wie Kolumbus im Jahre 1492, eine neue Welt entdeckt, die zwar schon immer da gewesen ist, aber lange vergessen und untergegangen war. Er hatte einen kreativen Ort entdeckt, einen Bereich mit vielfältigen Querverbindungen, aus dem spontan eine neue Ordnung entspringt, ohne Skizze und Plan. Lorenz hatte die Leere entdeckt.

Ein Blick in die Leere – die Fraktale

Schon vor den Wetterexperimenten von Lorenz wurde etwas Sonderbares gefunden, das sich hinter den Zahlen einer einfachen Formel verborgen hatte. »Fraktale«, abgeleitet von dem lateinischen Wort *fractura* (gebrochen), wurden von Gaston Julia (1893-1978) entdeckt. Weiterentwickelt und mit diesem Begriff benannt wurden sie von Benoît Mandelbrot im Jahre 1975. Obwohl Fraktale in sich geschlossene System von bekannten Variablen sind, erzeugen sie immer noch eine einfache Form der Zahlen-Leere und können gut verwendet werden, um zu zeigen, wie die Leere Strukturen und Ordnung erzeugt.

Jeder weiß, wie ein Fraktal aussieht, selbst wenn er diesem Begriff zuvor noch nie begegnet ist. Schauen Sie jetzt um sich herum. Fraktale sind die Formen der Natur, die Blätter einer Pflanze, Landschaften, Wolkenformationen, die Fältchen auf

Ihrer Haut und der Blumenkohl im Gefrierschrank. Sie umgeben uns und erfüllen unsere Blicke mit sich wiederholenden Strukturen und Formen, und wir reproduzieren sie wiederum in unserem Design – der orientalische Läufer auf dem Boden, der Paisleydruck auf dem Vorhang und die Motive auf der Tapete. Fraktale sind uns bestens vertraut; es sind die Formen und Figuren, welche die Natur als Basisbausteine des Lebens und der Landschaft verwendet. Aber darüber hinaus können diese einfachen, mathematische erzeugten Fraktale uns ein Fenster in die Funktionsweise des chaotischen Paradigmas öffnen. Durch die Geometrie der am Computer generierten Fraktale, können wir die »einfache Leere« erschaffen und visuell erforschen und allmählich einige der Verfahren begreifen, nach denen die Leere funktioniert.

Gaston Julia spielte mit Zahlen. Er fand heraus, dass einige interessante Resultate auftraten, wenn er das Ergebnis einer einfachen Rechnung wieder in die Rechnung zurückführte, und den Rechenvorgang wiederholte. Er stellte weiterhin fest, dass sich dies auch bildlich darstellen ließ, wenn man die Lösung eines jeden Schrittes in ein Diagramm zeichnete. Der Vorgang, das Ergebnis einer Berechnung wieder in die Rechnung zurückzuführen, nennt man Iteration. Iteration in der Mathematik ist ähnlich wie eine Rückkopplung in lebenden Systemen, lediglich ein wenig simpler, denn das erste Ergebnis der Gleichung wird erneut in dieselbe Formel eingeben. Das daraus resultierende Folgeergebnis wird wieder in die Formel eingeben usw. Was Julia dabei herausfand und was Mandelbrot später bestätigte und erweiterte, war die Erkenntnis, dass die Muster in den grafischen Schaubildern eine Ähnlichkeit mit den Strukturen in der Natur haben (siehe Abb. 5). In der Formel wurden imaginäre oder komplexe Zahlen verwendet.[58] Diese Zahlen haben die zusätzliche Fähigkeit, nicht nur Quantität, sondern auch eine Art Qualität durch alle Berechnungen mitzuführen. Was Julias Arbeit aufzeigte, war dies: Wenn wir diese qualitativen/quantitativen Zahlen in einer Rückkopplungsschleife einsetzen,

Abb. 5: Ein Fraktal. Dieses Diagramm ist entstanden durch den Druck der Ergebnisse, die sich durch die tausendfache Iteration einer Gleichung ergeben haben. Es handelt sich nicht um das Werk eines Grafikers, sondern bildete sich ganz natürlich durch die Rückkopplungsschleife der Iteration.

dann erzeugen wir in der Tat eine einfache »der Leere ähnliche« Umgebung.

Der Kernpunkt dabei ist, dass die Strukturen, die aus der Iteration von Julia-Gleichungen entstehen, nicht durch eine äußere Kraft entworfen werden. Es gibt keinen Künstler oder Grafiker und auch nicht einen Verstand, der überlegt, welche Form als nächste erzeugt wird. Die Muster entstehen spontan aus aufeinander folgenden Prozessen und werden auf das Diagramm gedruckt. Dies sind Beispiele für die *creatio ex nihilo* – die Schöpfung aus dem Nichts.

Als Erweiterung von Julias Arbeit entdeckte Mandelbrot das inzwischen als Mandelbrot-Menge bekannte Fraktal. Beim Be-

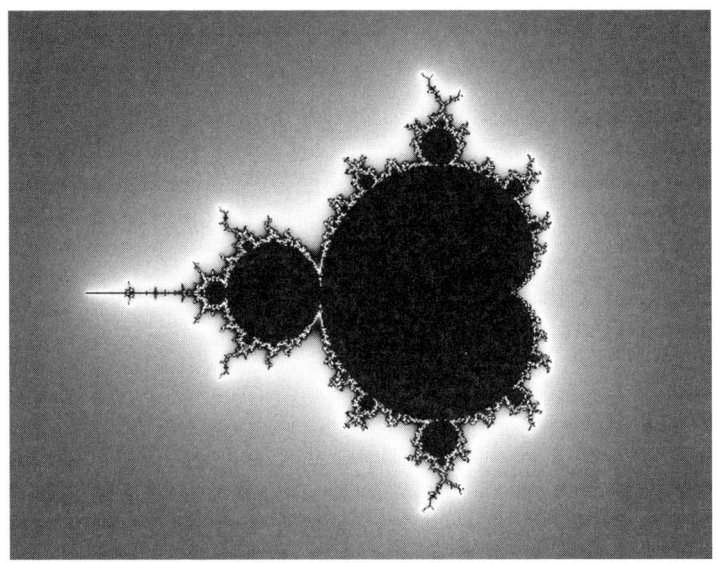

Abb. 6: Das bekannteste Fraktal, die sogenannte Mandelbrot-Menge (auch M-Set oder im allgemeinen Sprachgebrauch auch Apfelmännchen), benannt nach seinem Entdecker Benoît Mandelbrot. Man nimmt an, dass dieses Fraktal alle in der Natur vorkommenden Formen enthält.

trachten der Mandelbrot-Menge kann man sehen, wie die Muster entstehen. Die dunkle Fläche in der Mitte des Objekts zeigt den Bereich, in dem die Zahlen, als Ergebnis der Iteration, sich nach innen gekehrt haben und allmählich bei 0 stabil wurden, also endlich bleiben. Der helle Bereich außerhalb der Figur wird von Zahlen erzeugt, die als Resultat der Iteration ins Unendliche davonlaufen, wobei die zunehmende Geschwindigkeit, in der sie sich bewegen, in diesem Bild als Grauschattierung gezeichnet wurde. Die endgültige Form wurde spontan durch die Grenze zwischen der Menge selbst und der sie umgebenden »Atmosphäre« geschaffen, also den endlichen Zahlen, die sich nach innen wenden und den unendlichen Zahlen, die sich in die

Unendlichkeit bewegen. Diese Grenze, die als Muster sichtbar ist, lebt von der sogenannten Grenze des Chaos. Mandelbaum entdeckte das »Apfelmännchen«, als er versuchte, alle Kombinationen von reellen und imaginären Zahlen zu berechnen, die sich an dieser Grenzlinie aufhielten. Deswegen enthält die Mandelbrot-Menge auch erstaunlicherweise alle möglichen Formen, welche die Natur oder die Zahl erzeugen kann. Es ist genau genommen der Nährboden für alle möglichen fraktale Formen und wird auf diese Weise auch als Grundstruktur der Natur betrachtet.

Selbstähnlichkeit und Skaleninvarianz – wie sich das Leben durch die Zeit bewegt

Bezeichnenderweise fand Mandelbrot bei der Beobachtung der visuellen Strukturen der Fraktale heraus, dass ihre Entwicklung zwei konsistenten Prinzipien folgte, sobald sie anfingen sich zu bilden. Diese wurden bekannt als Selbstähnlichkeit und als Skaleninvarianz.[59] Beide Begriffe besagen zunächst, dass sich erstens ein entstehendes Muster in unterschiedlicher Größenordnung wiederholen wird (Skalen-Invarianz), und dass zweitens die typischen Strukturen bei einer Wiederholung jedes Mal ähnlich sein werden, und dennoch ein wenig anders, als beim vorangegangenen Mal (Selbstähnlichkeit). Wir können die sich wiederholenden Merkmale des Originalbildes (siehe Abb. 7) sehen, wenn wir uns an die Grenzlinie heranzoomen, aber jedes Mal, wenn wir die Mandelbrot-Menge betrachten, ist diese etwas anders ausgestaltet, z.B. leicht geschwenkt oder sonst in einer Weise verändert. Es ist egal, wie stark wir uns in das Bild hineinzoomen, wir werden weiterhin neue Mandelbrot-Mengen finden. Dies Prozess setzt sich unendlich fort. Halten wir kurz inne.

Die Strukturen auf dem Papier reflektieren vermutlich zwei der großen Lebensprinzipien. Man sieht einerseits die Skaleninvarianz, und jede Mandelbrot-Menge ist tausendmal oder sogar

Abb. 7: Eine Vergrößerung der Mandelbrot-Menge aus Abb. 6.

millionenfach kleiner als das Original, man sieht jedoch zugleich auch das Konzept der Selbstähnlichkeit, d.h. jede Mandelbrot-Menge ist ähnlich zu der ersten, aber zugleich auch ein wenig anders – aber jede noch so winzige Mandelbrot-Menge ist vollständig und kann konstant vergrößert werden, um andere Mandelbrot-Mengen zu finden.

Erinnern wir uns daran, dass dieses Bild ganz spontan ohne das Zutun eines Architekten oder Designers entstanden ist. Es ist eine natürliche Struktur, die ganz allein durch einen Rückkopplungsprozess gebildet wurde. Ist die Struktur aber erst einmal entstanden, reproduziert sie sich unbegrenzt und mit leichten Abwandlungen selbst. Bei der Beschreibung haben wir uns auf die erkennbaren Mandelbrot-Mengen konzentriert, es gibt aber auch sich wiederholende Spiralen, Verzerrungen und Drehungen.

Obwohl Fraktale zwar stark vereinfachend und auch ein geschlossenes System sind, gestatten sie uns buchstäblich eine Sicht darauf, wie diese *creatio ex nihilo,* die Schöpfung aus dem Nichts, tatsächlich funktioniert. Denn die Fraktale gewähren uns nicht nur einen Blick in die Leere, welche nach alten Schöpfungsmythen vermutlich die Quelle neuer Strukturen und Ordnungen ist, wir können vielmehr ganz allmählich auch sehen, wie die Fraktale neue Strukturen reproduzieren und entstehen lassen.

Welche anderen Systeme enthalten derartige Muster? Denken wir einmal weiter und lassen die Zahlen und Diagramme hinter uns. Auch Gruppen von Lebewesen, welche der Definition gemäß in Rückkopplungsschleifen involviert sind, agieren ebenfalls wie ein Fraktal und erzeugen ganz spontan Strukturen, die sich mit der Zeit durch Skaleninvarianz und Selbstähnlichkeit reproduzieren.[60] Diese Strukturen erkennen wir in der Geschichte z.B. als Aufstieg und Niedergang von Zivilisationen, in den sich wiederholenden Verhaltensmustern von Diktatoren, in den ähnlichen Abläufen von Kriegen, in den vergleichbaren Berichten von Entdeckungen und Wiedergeburten. Man kann diese Motive auch in der eigenen Familiengeschichte erkennen, und sicher wird man diese auch in seinem eigenen Leben finden können.

Als ich zum ersten Mal nach Irland reiste, beschloss ich wie viele andere Menschen irischer Herkunft, in dem alten Land meiner Familie herumzustöbern. Vor mehr als 100 Jahren hatte mein Urgroßvater Irland verlassen und ich hatte überhaupt keinen Kontakt zu den Mitgliedern meiner derzeit in Irland lebenden Verwandtschaft. Allerdings suchte ich nicht nach lebenden Personen, sondern nach der Vergangenheit und so verbrachte ich viel Zeit auf Friedhöfen. Schließlich fand ich einen Friedhof mit einer stattlichen Anzahl an Bradys. Was mich aber wachrüttelte, war ein ganz bestimmter Grabstein. In dieser Familiengruft lagen fünf Personen, die innerhalb einer Zeitspanne von 80 Jahren beerdigt wurden: Jeder war ein Brady und jeder von ihnen war am 10. März entweder geboren oder gestorben – und dies wiederum war auch mein Geburtstag. Bislang war ich der Meinung, dass ich die einzige Vertreterin des Sonnenzeichens Fische in meiner verzweigten irisch-australischen Familie sei. Ich war in dem Glauben befangen, dass mein Geburtsdatum einzigartig sei, dass es mein ganz spezieller Beitrag zu den zodiakalen Familienstrukturen sei. Stattdessen sah ich mich nun mit einem sich entfaltenden Schema über Zeit, Raum und Länder hinweg konfrontiert. Die Tierkreisposition meiner Geburtssonne war ein kleiner Ausschnitt aus einem Fraktal, das sich mit der Zeit wiederholte, immer etwas anders und doch ähnlich, und ich war Teil dieses Fraktals. Als eine Nebenerscheinung von diesem Erlebnis lernte ich vor kurzem einen Großneffen ebenfalls mit Nachnamen Brady kennen, der auch am 10. März geboren wurde, d.h. die Struktur setzt sich fort.

Ist dies einmalig oder selten? Die kurz und bündige Antwort lautet: Nein! Jede Familie hat ihre eigenen sich wiederholenden Strukturen: Der dritte Sohn wurde über mehrere Generationen hinweg immer im Krieg getötet, die Familienmitglieder werden am gleichen Wochentag geboren. Töchter spiegeln ihre Mütter wieder, indem sie die gleiche Anzahl an Kindern gebären, das Zahlenverhältnis von Jungen und Mädchen wiederholt sich, sie lassen sich im gleichen Lebensalter scheiden, heiraten so oft wie die Mutter usw. Einige dieser Muster mögen destruktiv sein, andere können konstruktiv sein oder einfach nur ein Kuriosum, wie in meinem Fall.

Bevor Mandelbrots Arbeit mit Fraktalen bekannt wurde, wurden diese Familienstrukturen als unbedeutende, idiosynkratische, unerklärliche und belanglose Zufälle außer Acht gelassen. Aber jetzt bestätigt die an der Chaos-Theorie orientierte Psychologie, dass Familien den gleichen Typ von Ereignissen über viele Generationen immer wieder hervorbringen. Alle Familien haben Strukturen, und dies kann genauso auch auf das Leben des Individuums zutreffen. Derzeit gibt es in der Psychologie einige Denkansätze, nach denen sich unser Leben auf eine fraktal-ähnliche Weise entwickelt. Weit davon entfernt, als merkwürdig, nichtssagend oder gar Aberglauben begünstigend zu gelten, werden diese familiären oder persönlichen Nachbildungen von Strukturen oder Ereignissen sogar erwartet.[61] Fraktale sind nicht nur eine Spielwiese der Mathematiker, sondern sind möglicherweise der einfache Ausdruck für die Dynamik des Lebens und der Zeit, die in einem Bild festgehalten ist.

Die Sprache des Chaos

Die seltsamen Ereignisse, die Zufälle, die Glückstreffer, die Windungen und Drehungen, welche wir in dem Auf und Ab des alltäglichen Lebens alle akzeptieren, zeigen Parallelen zu den Krümmungen und Biegungen, den sich wiederholenden Themen und sich entwickelnden Strukturen von Fraktalen oder einem System im Chaos. Da die Astrologie sich ebenso wie die Fraktale mit Lebensstrukturen befasst, müssen wir uns zunächst der Sprache des Chaos nähern, bevor wir die Entsprechungen zwischen der Astrologie und dem Chaos untersuchen können. Zusätzlich können wir die Erforschung einfacherer chaotischer Systeme als ein Fenster benützen, um einen Blick in die komplexeren Chaossysteme unseres eigenen Lebens zu werfen.

Entropisches und deterministisches Chaos

… es waren einmal zwei Frösche, die Nachbarn waren. Der eine lebte in einem tiefen Weiher, weit entfernt von den Blicken der Öffentlichkeit. Der andere lebte in einer Rinne mit wenig Wasser, über die eine Landstraße führte. Der Frosch in dem Tümpel warnte seinen Freund und flehte ihn an, seinen Wohnsitz zu verlegen und zu ihm zu ziehen. Er würde sich größerer Sicherheit und Nahrung im Überfluss erfreuen. Der andere lehnte ab und sagte, dass es ihm so schwer falle, von diesem Ort wegzuziehen,

an den er sich so schön gewöhnt hatte. Wenige Tage später fuhr ein schwerer Wagen über die Wasserrinne und zerquetschte ihn unter seine Rädern.[62]

Diese Fabel von Äsop zeigt uns zwei Wege, die dem Frosch in dem Gully offen stehen: Einerseits kann er ein Risiko eingehen und zu dem neuen und hoffentlich besseren Teich reisen; andererseits gibt es die Möglichkeit der Stagnation ohne jede Veränderung, die zum Tod führt, wie uns die Fabel lehrt. Dies wird zusammengefasst in der Redensart: »Die Rinne wird zur Spur, wird zum Grab« und dies steckt auch in der Chaos-Theorie. Der beständige, unveränderliche Zustand wird als entropisches Chaos definiert und bringt keine neuen Strukturen hervor, während der Zustand der Veränderung, mit dem auch die Erfahrung von Umwälzungen verbunden ist, zum deterministischen Chaos führt, welches voller neuer Muster und Möglichkeiten ist.

Gegen Ende des 20. Jahrhunderts entdeckten Volkswirtschaftler, dass alle Wirtschaftssysteme flexibel sein müssen, denn wenn diese stabil blieben und man keinen Wandel zuließ, dann wurde das System in ein entropisches Chaos gestoßen – wie der Frosch in der Rinne –, und dies war der Weg zu Stagnation und Wirtschaftskrise.[63] Wurden Wirtschaftssysteme stattdessen sanft in instabile Verhältnisse gebracht, dann entstanden aus den Turbulenzen neue Strukturen, die zu größeren Alternativen und Mannigfaltigkeiten führten, ähnlich wie bei dem Frosch in dem Tümpel. Die Idee, ein System ganz bewusst in ein deterministisches Chaos zu überführen, wird inzwischen in vielen verschiedenen Bereichen angewandt, angefangen bei der Volkswirtschaftslehre über Personalmanagement, Familientherapie, Gesundheitswesen bis hin zum Lebensstil von Einzelpersonen.[64]

Dies ist keine vollkommen neue Idee. Aus unserer eigenen Lebenserfahrung wissen wir instinktiv, dass wir uns für neue Möglichkeiten und Verhaltensweisen öffnen, wenn unsere Zone der Behaglichkeit durcheinander gerät, oder wenn wir ein Risiko eingehen. So gesehen kennen wir den Unterschied zwischen entropischem und deterministischem Chaos bereits. Der Schauspieler Milton Berle (1908 – 2002) wusste dies ebenfalls, als er sagte: »Wenn die Chance nicht anklopft, baue eine Tür.« Es ist ein Grundaxiom des Lebens, dass dieses sich verändern muss, und dass neue Gelegenheiten nur durch diese Veränderung geschaffen werden können.

Komplexe Systeme – ein Ort, an dem die Schöpfung geschieht

Als in den Wirtschaftswissenschaften erkannt wurde, dass ein stabiler Markt zur Stagnation strebt, welche ihrerseits aber zur Wirtschaftskrise tendiert, wurde deutlich, dass eine neue Betrachtungsweise erforderlich war. Jedoch halten es die meisten Regierungen und Firmen für unklug, ein stabiles Wirtschaftssystem bei einsetzender Stagnation in ein Chaos zu stürzen, da die mit dem Entstehen neuer ökonomischer Strukturen verquickte Dramatik erheblich ist. Tritt dies in politischen Systemen ein, dann sprechen wir von einer Revolution, und obschon die möglicherweise neu entstehenden Strukturen und Ordnungen durchaus Vorteile erbringen mögen, so geschieht dies oft über sehr viel persönliches Leid und erhebliche Verluste an Menschenleben. Folglich waren die Ökonomen in den 90er Jahren damit befasst herauszufinden, wie stark ein Wirtschaftssystem »gestört« werden muss, damit es neue Strukturen hervorbringen kann.

Die Forschungen ergaben, dass es ähnlich wie im geschlossenen System der Fraktale eine hauchdünne Zone zwischen Stagnation und totalem Zusammenbruch gibt. Genau in diesem schmalen Bereich am Rande des Chaos, also kurz bevor das System in das Chaos übergeht (und völlig unvorhersagbar wird), stellte sich die Ordnung ganz natürlich ein und die Komplexität erhöhte sich ohne ersichtlichen Grund.[65] Die Forscher nannten diese Zone der Entstehung neuer Strukturen in offenen Systemen (also Systeme, in denen die Variablen nicht bekannt sind) Komplexität. In der Ausformung der Fraktale können wir einfache Versionen dieser Zone der Komplexität erkennen. In den Abbildungen 5, 6 und 7 befindet sich diese an der Schnittstelle von hell und dunkel. Diese dünne Linie explodiert in den Fraktalen zu Strukturen, Formen, Bildern und Ordnungen.

Was wir bei den Fraktalen sehen, spielt sich auch in lebenden Systemen ab. Die Komplexitätsforschung hat herausgefunden, dass Wirtschaftssysteme, Familiengruppen oder auch das Leben eines Menschen eine Neuordnung hervorbringt, wenn das System durch eine Vermehrung seiner Netzwerke in Unordnung gerät, sei es, dass es von seinen etablierten Ordnungsstrukturen etwas abrückt, oder dass es diese sanft an den »Rand des Chaos« drückt. Wenn wir das System in eine Turbulenz oder in eine Phase erhöhter Wirksamkeit hineinbewegen, wo es dann von dem in komplexen Systemen sogenannten Tipping Point[66] zu Fall gebracht wird, dann tritt es in eine fruchtbare Zone, eine winzige Übergangsphase zwischen einem Punkt, an dem es keinen Wandel gibt, und einem Punkt, an dem die völlige Veränderung eintritt – und genau an dieser Stelle entstehen neue Modelle, neue Möglichkeiten und neue Ideen. Der »Rand des Chaos« ist keine Kante des Absturzes oder des Umsturzes. In komplexen Systemen entspricht dieser »Rand« vielmehr jener Phase oder Zone, in der selbst die minimalste Veränderung eine Kaskade von Neuordnungen erzeugen kann. Diese neue Ordnung bedeutet aber nicht nur ein einfaches Umarrangieren der bereits bestehenden Komponenten in ein anderes Format. Es ist vielmehr ein neues Schema, das sich aus zuvor unbekannten Elemente zusammensetzt. Diese neuen Strukturen sind selbstregulierend, d.h. sie werden nicht von einem Grafiker entworfen, sie werden ebenso wenig von den Händen eines Künstlers geschaffen, kein Management plant diese, und genauso wenig sorgt eine Regierung für deren Implementierung. Diese Neuordnung entspringt dem Nichts – *creatio ex nihilo.*

Die Entstehung des Internets ist ein gutes Beispiel für eine Schöpfung der Welt aus dem Nichts. Angedacht als eine Möglichkeit, die Welt zu verbinden, wurde es von Künstlern entworfen. Im Oktober 1969 wurden erstmalig zwei Computer zwischen der UCLA und dem Stanford Research Institute miteinander über eine Telefonleitung verbunden. Von da ab wuchs es, entwickelte sich zu einem offenen Netzwerk und stellt eine gewaltige Feedback-Umgebung zur Verfügung, in der »nicht vorskizzierte« und »ungeplante« neue Ordnung entstehen kann. Die Ideen von E-Commerce, E-Mail, virtuellen Communities, Newsgroups, die Möglichkeit, lokale Produkte in der ganzen Welt zu verkaufen, und alle damit zusammenhängenden sozialen Begleiterscheinungen sind Bestandteil dieser neuen Ordnung, die vor der Entwicklung des Internets so nicht existierte. Alle genannten Ideen und Begriffe sind aufgrund der Komplexität des Netzwerks entstanden.

Das Studium der offenen Systeme (mit einer unbekannten Anzahl an Variablen) mit hoher Wechselwirkung ist das Arbeitsfeld der Komplexitätsforschung, während die Untersuchung der vielschichtigen halbgeschlossenen Systeme (bei denen die Anzahl der Variable bekannt ist) die Domäne der Chaos-Theorie ist.

Bifurkationen und Häufungspunkte – Zeit und Ort der Veränderung

Chaotische Systeme, das Leben mit eingeschlossen, sind voller Veränderungen, Entscheidungen und Wegkreuzungen. Egal ob es sich bei diesen chaotischen Systemen um eine einfache mathematische Formel handelt, aus der aufgrund der Iteration ein Fraktal entsteht (geschlossenes System), ob es ein Wettersystem mit einer Vielzahl an Variablen ist, die mit dem Entstehen eines Wettermusters zusammenhängen, oder ob es sich um eine Einzelperson handelt, die um eine Entscheidung zwischen verschiedenen Arbeitsangeboten (offenes System) ringt, sie alle enthalten Bifurkationen und Häufungspunkte – Zeitpunkte, zu denen die Entscheidung gefällt werden muss. Hamlet brachte dieses Dilemma zur Sprache, als er sagte:

Sein oder Nichtsein, das ist hier die Frage:
Ob's edler im Gemüt, die Pfeil' und Schleudern
Des wütenden Geschicks erdulden oder,
Durch Widerstand sie enden...[67]

In der Sprache der Chaos-Theorie nennt man die Verzweigung, an der Strukturen oder Systeme auf die eine oder die andere Seite wechseln können, eine Bifurkation. Hamlet befindet sich an solch einem Punkt der Weggabelung, wo er darüber nachdenkt, ob er den Weg des Risikos einschlagen soll, also den Pfad des deterministischen Chaos, oder ob er seine Schritte in die Richtung des entropischen Chaos lenken, und damit alles zu Ende bringen soll. Selbstverständlich treibt Shakespeare Hamlet in das deterministische Chaos, denn ansonsten gäbe es keine Handlung und keine Dramatik, die sich entwickeln und das Schicksal seiner Charaktere gestalten könnte. In der Fabel von Äsop von den beiden Fröschen steht der eine von ihnen auch vor einer Bifurkation – soll er die Wasserrinne verlassen oder nicht. Er entschließt sich, nichts zu unternehmen, was zu entropischem Chaos führt, und folglich kommt er zu Tode, womit die Fabel beendet ist. Keine neue Geschichte, keine neuen Strukturen, keine neuen Abenteuer.

Wenn eine derartige Bifurkation möglicherweise die Gesamtstruktur verändert, dann spricht man von einer Hopf-Bifurkation, die nach ihrem Entdecker, dem polnischen Mathematiker Heinz Hopf (1894 – 1971) benannt ist. Wir können sagen, dass Hamlet an einer Hopf-Bifurkation steht, denn der von ihm ausgesuchte Weg erlaubt des Entstehen eines vollkommen neuen Musters. Im Jahr 49 v.Chr. überquerte Julius Caesar den Rubikon und brach dadurch das römische Gesetz, welches generell untersagte, mit einer Armee einen Fluss zu überqueren. Der

Fluss markierte die Grenze zwischen der Provinz im Norden und dem römischen Kernland im Süden, und das Gesetz sollte die Republik vor innerer militärischer Gewalt schützen. Als Caesar den Fluss überquerte, war ihm klar, dass es keine Umkehr mehr gab. Er ließ sich auf einen Konflikt mit dem Staat ein, und dies sollte große Veränderungen für ihn persönlich ankündigen, nämlich Ruhm oder Tod. Caesar stand an einer Hopf-Bifurkation, und sein Handeln führte zu deterministischem Chaos. Aber dies war zugleich auch eine Hopf-Bifurkation für die Geschichte der westlichen Zivilisation, denn durch diesen Schritt wurde die Geburt des römischen Imperiums verkündet, was entscheidend zur Genese der modernen europäischen Kultur beitrug.

Der Rubikon war der Ort, an dem die Bifurkation stattfand. Bifurkationen ereignen sich zu einer bestimmten Zeit und an einem bestimmten Ort, und diese Stellen werden, ob nun physikalischer oder mathematischer Natur, Häufungspunkte genannt. Der entstehenden Struktur (Mensch oder Gleichung) werden zwei Pfade angeboten, wovon der eine zu einem Ende, der andere zu einer komplett neuen Struktur führt. Für Napoleon bedeutet das Schlachtfeld von Waterloo einen Häufungspunkt, und die Entscheidungen, die er traf, führten ihn auf den Pfad der reduzierten Möglichkeiten. Für die amerikanischen Siedler war ein mit Tee beladenes Schiff in Boston im Jahr 1773 auch ein Häufungspunkt, und die hier getroffenen Entscheidungen führten zur Gründung der Vereinigten Staaten von Amerika.

Auch in Bereichen der Psychologie werden diese neuen Erkenntnisse aus der Chaos-Theorie übernommen, indem man Veränderungen im menschlichen Leben als ein Zusammentreffen von Bifurkationen und Häufungspunkten bezeichnet.[68] In diesem Denkmodell nimmt man an, dass ein Mensch, der zuviel Stabilität und Ordnung in seinem Leben sucht, sich selbst immer dann, wenn er Bifurkationen erlebt, in das entropische Chaos hinein steuert. Im Leben dieser Menschen zeigen sich keine neuen Chancen. Sie lassen es nicht zu, dass neue Ideen

Zugang in ihre Welt finden. Sie führen ein Leben, das sich langsam in ein immer kleineres und noch kleineres Milieu zerreibt bis zum Tod. Sucht oder akzeptiert ein Mensch im Gegensatz dazu einige der Risiken, die die Bifurkationen in seinem Leben anbieten, und lässt er sich auf Perioden der Unordnung ein, damit neue Strukturen wachsen können, dann bieten sich für diese Person neue Chancen, und ihr Leben wird umso erfüllter sein von neuen Unternehmungen, Ideen und Aufregungen.

Aber hierbei ist noch etwas anderes am Werk, das aus dem Inneren heraus arbeitet und unsere Ziele, Träume und Sehnsüchte einkapselt. Etwas, das uns zu diesen hinzieht und somit zu unseren ganz persönlichen Bifurkationen. Dies nennt man seltsame Attraktoren.

Seltsame und andere Attraktoren

Wir werden von Gegenständen, Menschen und Ideen angezogen. Tatsächlich entspricht diese Vorstellung von Anziehung der Idee des l gos, dem Prinzip, welches Heraklit im 6. Jh. v. Chr. annahm. Es ist die Anziehungskraft, die uns im Leben vorwärtsbringt. Wenn wir Habsucht in uns tragen, dann werden wir von all dem angezogen, was wir sehen, aber nicht haben können. Sind wir von Liebe für andere erfüllt, dann fühlen wir uns zu einer Person hingezogen und möchte diese kennen lernen und verstehen. Werden wir von einem bestimmten Ort angezogen, dann möchten wir dort unsere Zeit verbringen. Wirkt eine Idee attraktiv auf uns, dann möchten wir uns auf deren Potential konzentrieren. Wir leben unser Leben über die Reize, die uns motivieren und uns gewissermaßen durch das Leben ziehen.

Auch die Chaos-Theorie hat Attraktoren. Man kennt hier drei verschiedene Grundtypen. Die einfachste Form ist ein Punkt-Attraktor, ein Trichter, in dem alle Flüssigkeiten zu einem Zentrum fließen. Dann gibt es den periodischen Attraktor, also Körper mit einer periodischen Schwingung. Die Planeten, die um die Sonne kreisen, haben die Sonne als ihren periodischen Attraktor. Wir können diese beiden Arten von Attraktoren überall in den alltäglichen Objekten um uns herum sehen. Nehmen wir zum Beispiel Wasser, das in einer Rinne fließt. Jeder Tropfen , der in die Rinne gelangt, wird versuchen, an das untere Ende der Rinne (den Punkt-Attraktor) zu fließen. Die zweite Zeiger auf einem Zifferblatt, der dazu verdammt ist, ständig auf dem Zifferblatt zu kreisen, ist immer an seinen periodischen Attraktor, den Stift in der Mitte gebunden. Aber es gibt noch einen dritten Typ von Attraktoren, der ein ganz anderes Vorgehen beschreibt.

Wenn wir im Zirkus die Trapezkünstler beobachten, wie sie mit ihren Schaukeln durch die Luft hüpfen und fliegen, dann verstehen wir die beobachtete Szene vollkommen. Aber nun behaupten wir einmal, das Trapez sei unsichtbar. Was wir jetzt erblicken würden, könnte in der Tat sehr seltsam aussehen: Menschen, die sich durch die Luft bewegen, sich von einem Punkt zum nächsten schwingen, zu einem anderen Punkt fliegen, und alle diese Punkte biegen und krümmen sich, ohne dass etwas still steht. In diesem Beispiel haben wir vereinfachend einen Effekt dargestellt, den die Chaosforscher als einen seltsamen Attraktor bezeichnen würden. Der Effekt ist die Bewegung der Akrobaten; der seltsame Attraktor ist die unsichtbare Struktur des Trapezes.

Wenn jemand, der in der herkömmlichen Naturwissenschaft beheimatet ist, ein chaotisches System beobachtet, dann scheint das sich entfaltende Muster der Ereignisse immer noch dem Zufall zu unterliegen. Wenn man allerdings die Bewegungen des Systems grafisch darstellen kann, und zwar ganz und gar nicht unter Zufallsbedingungen, dann wird man sehen, dass diese Bewegungen um mehrere Brennpunkte kreisen. Diese Brennpunkte sind den Ringen und Schaukeln der Trapezkünstler im Zirkus ähnlich. Würden wir die Bewegung der Trapezkünstler aufzeichnen, dann würden wir zwei Brennpunkte der unsicht-

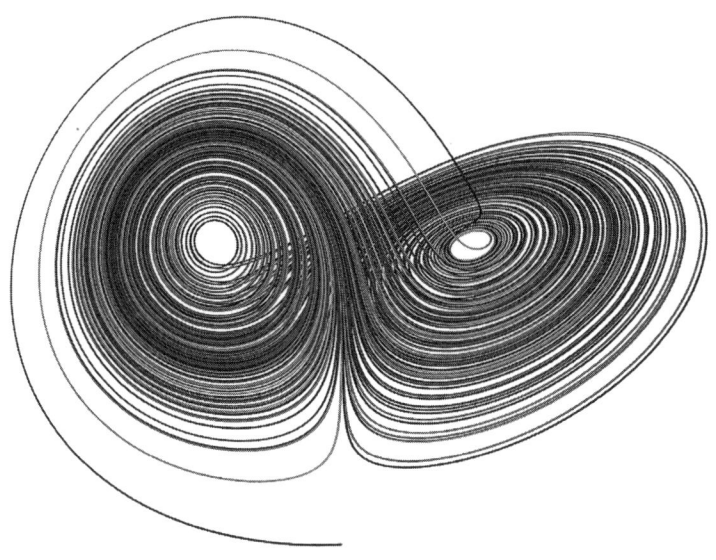

Abb. 8: Der Lorenz-Attraktor

baren Trapeze erkennen. In der Chaos-Theorie sind diese beiden sich bewegenden Schwingungspunkte als seltsame Attraktoren bekannt. Seltsame Attraktoren existieren in chaotischen Systemen, und man kann sie finden, indem man die Strukturen innerhalb des Systems beobachtet. Ein derartiges System können wir in der Mathematik antreffen (geschlossenen Systeme), aber auch im individuellen Leben, in einem Ameisenhaufen, einer Firma oder einem Wirtschaftssystem (offenes System). Jede erwähnte Form kann seltsame Attraktoren erzeugen und enthalten.[69]

Der bekannte Ausspruch über den Flügelschlag des Schmetterlings und das Wetter kam zustande, als Lorenz die angeblich zufälligen Ergebnisse seiner Gleichungen ausdruckte und dabei das Bild eines Schmetterlings erschien. Jedes »Auge« in einem der Flügel war ein Brennpunkt des seltsamen Attraktors (siehe Abb.8). Aber diese seltsamen Attraktoren sind bei weitem mehr als eben nur interessante Muster, denn die Cha-

95

osforschung impliziert, dass die Beziehung des Lebens zu anderen Lebenserscheinungen sowie das Verhältnis des Lebens zu seiner Umgebung, die Entstehung von seltsamen Attraktoren zum Ergebnis hat. Sind diese seltsamen Attraktoren erst einmal gebildet worden, dann agieren sie als Brennpunkte, welche die sich entfaltenden Ereignisse lenken und mit der Zeit Strukturen erzeugen, die der Skaleninvarianz und der Selbstähnlichkeit unterliegen.[70] Nach den Erkenntnissen der Chaos-Theorie und der Komplexitätsforschung wird das Leben und alles, was Lebensfunktionen unterstützt, von seltsamen Attraktoren beeinflusst und umkreist.[71]

Diese Behauptung hat weitreichende Folgen, denn sie legt nahe, dass es so etwas wie zufälliges Verhalten nicht gibt, weder im Leben eines Menschen, noch in einer Gemeinschaft, einem Wirtschaftssystem, in der Geschichte oder in anderen Systemen mit hoher Rückkopplung. Wir kreisen alle um seltsame Attraktoren. Die seltsamen Attraktoren sind der »Geist in der Maschine«.[72] Wir können sie zwar nicht sehen, aber in Wirklichkeit verleihen sie den Ereignissen in jedem chaotischen System ihre Gestalt.

Bestimmte Teilgebiete der Psychologie haben die Vorstellung der seltsamen Attraktoren bereitwillig aufgenommen und betrachten diese als die unsichtbare Hand in dem sich entwickelnden Leben, die das lenkt, was einem Beobachter als zufällig erscheinen mag, was aber in Wirklichkeit eine ganz exakte Aufreihung von Strukturen ist. In der Familientherapie nimmt man an, dass seltsame Attraktoren sichtbar werden in dem, was man den Fluch einer Familie oder das besondere Talent einer Familie nennen könnte. Bei einer Familie, die über Generationen hinweg von Krankheit befallen oder vom Unglück verfolgt wird, würde man nach diesem Modell sagen, dass sie einen seltsamen Attraktor in sich hat. Im Gegensatz dazu zeigt die Familie Bach im 17. Jh. einen starken musikalischen seltsamen Attraktor, der sich über 200 Jahre in vier Generationen auf den Familienstammbaum auswirkte.

Wir kommen auf unterschiedliche Weise zu seltsamen Attraktoren. Es kann sein, dass wir durch unsere Familie, Kultur oder Nationalität in sie hineingeboren werden. Oder wir formen neue seltsame Attraktoren, indem wir unser Leben leben und Verbindungen mit anderen Menschen eingehen. Wir wissen zum Beispiel, dass unsere Freundschaften sehr wichtig sind, und dass uns ein Zusammenschluss mit einigen Menschen für seltsame Attraktoren öffnen mag, die uns zu Bereichen und Ideen hinziehen, die uns erfreuen. Geraten wir auf der anderen Seite in »schlechte« Gesellschaft, dann können wir mit unerfreulichen und unerwünschten Situationen konfrontiert werden. Akzeptieren wir einen neuen seltsamen Attraktor in unserem Leben, sei es bewusst oder unbewusst, dann öffnen wir unser Leben für neue Strukturen. Man begegnet der neuen Ordnung oder dem neuen Schema dadurch, dass man »den Rand des Chaos« erfährt, welcher gemäß der Komplexitätsforschung einfach als ein winziges Ereignis angesehen werden kann, welches reibungslos zu neuen Strukturen führt. Nichtsdestoweniger stößt man auf die neue Ordnung, man startet verschiedene Aktionen, fährt andere Straßen entlang, besucht neue Plätze, denkt andere Gedanken, isst andere Nahrung und trifft unterschiedliche Menschen.

Der Jung'sche Psychoanalytiker van Eenwyck kombiniert seltsame Attraktoren mit dem Konzept der Archetypen im persönlichen Leben oder im Gemeinschaftsleben. Er schlägt vor, Mythen als verbale Fraktale zu verstehen, die unterschiedliche Wahlmöglichkeiten (Bifurkationen) aufzeigen, wobei manche zu Verlust und Zerstörung führen (entropisches Chaos) und andere wiederum zu Fruchtbarkeit (deterministisches Chaos). Das Endresultat solch einer mythologischen Erzählung ist meist ein neuer seltsamer Attraktor, der gefunden oder geschaffen wird und dem Stamm wieder zurückgegeben wird.[73]

Wir wissen wenig über seltsame Attraktoren, lediglich, dass sie in chaotischen Systemen (jeder Form von Leben) vorkommen, dass wir diese in unserem Leben als Motivation oder in der

Anziehungskraft einer Idee oder eines Ereignisses erfahren, und dass sie mit der Zeit in unserem Verhalten bestimmte Muster erzeugen. Alle Attraktoren haben einen bestimmten Einzugsbereich. Dieser Bereich wird »Attraktionssenke« genannt.

Attraktionssenken

Bei einem Punktattraktor entspricht das Anziehungsgebiet der Größe des Trichters. Jede Flüssigkeit oder jeder Gegenstand, der sich im Trichter befindet, wird zu einem Anziehungspunkt hingezogen. Die Senke des periodischen Attraktors unseres Sonnensystems wird als Schwerkraft der Sonne definiert, die eine Zone schafft, die andere Planeten auf kreisförmige Bahnen um sie herum anzieht. Wir wissen zum Beispiel, dass Pluto eingefangen wurde, als er in die Dimension unserer Sonne hineinwanderte.

Die Attraktionssenke eines seltsamen Attraktors ist folglich dessen Einflussbereich, und manche Chaosforscher meinen, dass die Bifurkationen in dem Abschnitt auftreten, wo die Attraktionssenke eines seltsamen Atraktors einen anderen überlappt. Als Julius Caesar den Rubikon überquerte, hatte er den Häufungspunkt erreicht, der ihm zwei abzweigende Wege (Bifurkationen) anbot. Er konnte sich dafür entscheiden, seine bisherigen Ziele weiter im Auge zu behalten. In der Sprache der Chaos-Theorie würde man sagen, er konnte weiterhin in der Attraktionssenke seines seltsamen Attraktors verharren. Er konnte die ihm vertraute Attraktionssenke aber auch verlassen und sich in das deterministische Chaos begeben – die Grenze zwischen dem einen seltsamen Attraktor und einem anderen – und in die »Anziehungskraft« eines neuen seltsamen Attraktors eintreten. Dieser neue seltsame Attraktor umfasste sowohl die Stadt Rom als auch den Wunsch, die Kontrolle über das Römische Reich zu erlangen und der Weltherrscher zu werden. Der Tag, an dem Caesar zum ersten Mal daran dachte, gen Rom zu marschieren, war der Moment, in dem er sich erstmalig zu dem neuen seltsame Attraktor hingezogen fühlte.

Wir alle haben verschiedene Arten von Attraktoren in unserem Leben, und diese haben jeweils eine Attraktionssenke. Ihr Ausmaß, ihre Zeiten der Veränderung und unsere Anerkennung ihrer Existenz sind allesamt wichtig, um ein gesundes Leben zu führen. Wir betreiben Mannschaftssport, indem wir zunächst ein halbgeschlossenes System (die Spielregeln) entwerfen, das vorgibt, welche Art von Ereignissen entstehen können. Anschließend können wir dann absichtlich die Attraktionssenken von zwei Punktattraktoren überlappen (z.B. das Tor der Gegenmannschaft beim Fußball). Zur bestehenden Spannung zwischen den beiden Attraktoren fügen wir zwei Mannschaften hinzu (der offene vielschichtige und im Netzwerk tätige Teil des Systems, welcher neue Ordnungsformen entstehen lassen kann), die gegeneinander angesetzt werden, indem sie gegenüberstehende Attraktoren unterstützen. Mit diesem halboffenen System (den Mannschaften) und dem halb-geschlossenen System (den Regeln) lehnen wir uns zurück und erfreuen und daran, das ungeschriebene Drama zu beobachten (die neue Ordnung), welches sich spontan ergibt.

Wenn wir eine Spezies gefährden, indem wir deren natürlichen Lebensraum zerstören, reduzieren wir effektiv ihre Attraktionssenke und aus diesem Grund auch deren Wahlmöglichkeiten, d.h. wir führen diese näher an das entropische Chaos (die Ausrottung) heran. Ganz ähnlich ist es, wenn wir eine Person in Einzelhaft nehmen. Wir reduzieren ganz dramatisch ihre Attraktionssenke, zerstören gewaltsam ihr Ordnung gebendes System und bestrafen sie damit, dass wir sie näher an das entropische Chaos heranschieben. Wir geraten in einen Konflikt, wenn wir ohne Absicht Attraktionssenken mit anderen überlappen. Von Natur aus trachten wir danach, unsere Attraktionssenke auszudehnen, wir streben aber auch danach, den optimalen Ausgleich zwischen Stagnation (eine zu geringe Attraktionssenke) und Stress (eine zu große oder zu viele Attraktionssenken) zu erreichen. Wir platzieren Attraktoren in unser Leben wie z.b. ein neues Interessensgebiet oder eine neue Freundschaft, aber indem wir dieses tun, müssen wir dafür einen idealen Platz in unserer Sammlung von Attraktionssenken finden, wo diese Attraktoren »ihren eigenen Raum« einnehmen können, ohne dabei andere Attraktionssenken in unserem Ressort auszuzehren.

Phasenporträts – der Überblick eines chaotischen Systems

Es gibt noch ein weiteres sehr wichtiges Konzept. Die Chaos-Theorie kennt auch Aufzeichnungen. Diese werden Phasenporträt genannt. Generell wird ein Phasenporträt in geschlossenen Systemen verwendet, und deswegen hält die Komplexitätsforschung (komplexe offene Systeme) diese für zu einschränkend. Die Astrologie ist allerdings eine Kreuzung, sowohl aus der mechanistischen Welt (basierend auf dem Newtonschen Sonnensysten und dementsprechend eine Art geschlossenes System), als auch der nichtlinearen, komplexen Welt (ein offenes System). Der Idee des Phasenporträts dürfte deswegen ein besonderer Platz in diesem einmaligen hybriden Modell zugewiesen werden. Der Physiker und Chaosforscher Fritjof Capra definiert sogenannte Phasenporträts als eine Karte des sich entfaltenden Potentials einer bestimmten Struktur, die man dazu verwenden kann, um ein Verständnis von der Qualität eines nichtlinearen, dynamischen Systems zu gewinnen. Er sagt dazu wörtlich:

Die qualitative Analyse eines dynamischen Systems besteht also in der Ermittlung der Attraktoren und der Attraktionssenken des Systems und ihrer Klassifizierung nach topologischen Merkmalen. Das Ergebnis ist ein dynamisches Bild des gesamten Systems, das sogenannte »Phasenporträt«.[74]

Capra sagt damit, dass ein neu entstehendes Muster, das z.B. auch das Leben eines Menschen sein könnte, hinsichtlich seiner Attraktoren (die Psychologie würde von der Ausstattung der Persönlichkeit, Familienthemen oder Persönlichkeitsanteilen des Selbst sprechen, die Menschen und Ereignisse anziehen) abgebildet werden kann. Diese Attraktoren haben Attraktionssenken, die Einflussbereiche eines Individuums, wie z.B. sein Alltagsleben, seine Familie oder sein gesamtes E-Mail-Adressbuch. Diese verkörpern das Wesen und das Ausmaß der körperlichen, geistigen, emotionalen und spirituellen Bereiche im Leben eines Menschen. Die topologischen Merkmale sind das Maß dafür, wie flexibel und anpassungsfähig die Person auf den Einfluss der Attraktoren reagieren könnte. Diesen Plan, so sagt Capra, nennt man Phasenporträt, und es kann für die qualitative Analyse des Systems eingesetzt werden. Capra arbeitet mit einem geschlossenen System, aber solch eine Aufzeichnung hat ebenso Auswirkungen auf offene Systeme.

Auch die Astrologie hat solche »Pläne«. Diese sind geschlossene Systeme (die vorhersagbare Bewegung der Planeten), aber wir verwenden sie, um Parallelen zum menschlichen Leben (offene Systeme) zu ziehen und nennen sie Horoskope. Wir lesen diese, um Einsichten in die qualitative Analyse einer Person zu erhalten.

Die Sprache der Chaos-Theorie mit ihren Attraktionssenken, Attraktoren und Bifurkationen stellt neue Begriffe und ein neues Verstehen für eine Lebenserfahrung zur Verfügung, die bislang abgewertet oder fallen gelassen wurde. Bis zur Entdeckung der Chaos-Theorie war dieses intuitive Wissen ohne eigene Sprache und blieb folglich ohne Einfluss, wenn es in Worte gefasst wurde. Dies ist der springende Punkt. Die Chaos-Theorie hat keine neuen Ideen entdeckt, sondern stellt vielmehr durch die Mathematik eine neue Sprache für die Lebenserfahrung bereit. Das Chaos gibt dem Raum außerhalb des eingezäunten Gartens eine Sprache.

Chaos und Schöpfung: Die Philosophie der Antike	Chaos-Theorie	Die qualitative Erfahrung des Lebens
Alle Dinge sind miteinander verbunden und beeinflussen sich wechselseitig.	Ein System, welches durch positive Rückkopplungen verbunden ist, erzeugt Chaos.	Das Leben ist ein kontinuierlicher Prozess der Beeinflussung seiner Umgebung, während die Umgebung es gleichzeitig ebenfalls beeinflusst.
Ein großes Ereignis kann mit einem kleinen Ereignis verknüpft sein und umgekehrt (Omen und Aberglaube).	Strukturen sind skaleninvariant.	Die Erfahrung der Verknüpfung zweier scheinbar unzusammenhängender Ereignisse kann als »Zufall« bezeichnet werden. Aber viele Menschen erleben dies zu oft in ihrem Leben, um das ignorieren zu können oder um zu leugnen, dass dies eine Bedeutung hat.
Geschichten (Mythen) wiederholen sich, Ereignisse entfalten sich so, wie sie es schon zuvor getan haben.	Strukturen entfalten sich in einer selbstähnlichen Weise.	Mythen, Geschichten und Archetypen werden sich im Leben eines Menschen, einer Familie, einer Gemeinschaft oder eines Landes wiederholen. Dies nennt man »Glückstreffer«.

Chaos und Schöpfung: Die Philosophie der Antike	Chaos-Theorie	Die qualitative Erfahrung des Lebens
Ein Muster kann durch Rituale oder ähnliche Praktiken angeregt werden. Handlungen am Anfang können das Ausgangsergebnis beeinflussen.	Sensitive Abhängigkeit von den Anfangswerten (SDIC). Der Schmetterlingseffekt. Geringste Veränderungen am Anfang eines Musters führen zu unverhältnismäßigen Unterschieden am Ende.	Kleine Veränderungen in der Einstellung einer Person oder eine minimale Veränderung der Alltagsroutine kann Einfluss auf dem weiteren Verlauf des Lebens nehmen.
Es gibt ein Muster, das alles Leben formt – das Schicksal.	Die entstehenden Muster werden von den seltsamen Attraktoren innerhalb des Systems beeinflusst, welche es zu bestimmten Verhalten »hinziehen«.	Die Erfahrung einer führenden Hand – das Göttliche. Der lange Strang von Zufällen, die sich auf die richtige Weise entwickeln. Teleologie gewährt eine Erfahrung des Göttlichen.

Abb. 9: Chaos-Mythen, Chaos-Theorie und die qualitative Lebenserfahrung.

Wo Chaos und Astrologie
sich begegnen

In der Praxis erfasst sowohl die Chaos-Theorie als auch die Astrologie die Qualität der Zeit; die Chaos-Theorie über die Phasenporträts, die Astrologie über die Horoskope. Beide betrachten das Potential eines Zeitpunktes. Sie erwägen; wie ein Gegenstand oder Ereignis in dem Augenblick auf Veränderung reagieren wird, wenn der Wandel einsetzt und welche Tendenzen und Verhaltensweisen auftreten, wenn diese potentiellen Veränderungen erkannt werden. Für ein Phasenporträt kann das in Frage kommende Objekt das Leben eines Menschen oder sogar die Dynamik einer Familie[75] sein. Dasselbe haben wir beim Horoskop. Was auch immer der Gegenstand der Betrachtung ist, es ist der Zweck eines Kosmogramms, die zukünftige Geschichte dieses Objekts aufzuzeichnen.

Nehmen wir ein Beispielsobjekt und denken über dessen Phasenporträt nach. Leonardo da Vinci (1452 – 1519) malte die *Mona Lisa* in der Zeit zwischen 1503 und 1506. Er hatte das Bild über Jahre bei sich und brachte es schließlich nach Frankreich, um es 1516 für 4000 Goldmünzen an König Franz I. zu verkaufen. Ursprünglich war das Bild noch viel größer als heute und wurde nach Leonardos Tod auf seine heutigen Maße (77cm x 55cm) geschnitten. Das Gemälde befand sich zunächst im königlichen Schloss in Fontainebleau und hing später im Palast von Versailles. Nach der Französischen Revolution zierte es für eine Weile das Schlafzimmer Napoleons I. in den Tuilerien, wurde dann aber in den Louvre überführt. Während des

Deutsch-Französischen Kriegs in den Jahren 1870-71 wurde das Bild aus Sicherheitsgründen versteckt. Aber es wurde 1911 gestohlen und befand sich über zwei Jahre in der Wohnung eines Hausmeisters des Louvre, wurde zu guter letzt aber wieder zurück gegeben. Während des Zweiten Weltkrieges wurde das Gemälde erneut zur Sicherheit aus dem Louvre entfernt. 1956 war das schwerste Jahr für das Bild: Jemand bespritzte es mit Säure, und ein anderer Täter bewarf es mit Steinen. In den Jahren 1962-63 wurde das Kunstwerk in New York und Washington ausgestellt, 1974 hing es in Moskau und Tokio. Danach wurde seine Reise abgebrochen, und es kam zurück in den Louvre, wo es sich heute hinter Sicherheitsglas befindet.

Müssten wir das Phasenporträt der Mona Lisa skizzieren, dann würde dieses zunächst die Materialien enthalten – Farbe und Holz. Sobald der physikalische Teil abgeschlossen ist, würden wir die Attraktoren und die Größe ihrer Attraktionssenke integrieren, außerdem die sich daraus ergebenden Häufungspunkte und Bifurkationen sowie die topologischen Merkmale (die Fähigkeit des Gemäldes, sich anzupassen). All dies zusammen könnte uns einen Einblick in das sich möglicherweise entfaltende Potential der Geschichte der Mona Lisa geben.

Leonardos Liebe zu dem Gemälde ist ein anderer wichtiger Attraktor, was schon dadurch zum Ausdruck kommt, dass er das Bild über so viele Jahre in seinem Besitz behielt. Aber es gab noch einen weiteren Attraktor – Leonardos Geldmangel, der ihn schließlich dazu veranlasste, es für 4000 Goldmünzen zu verkaufen. Als Leonardos Geldnot wuchs und sich mit dem Attraktor des königlichen Wunsches überlappte, dieses Bild zu besitzen, bildete beides einen Häufungspunkt, den möglichen Ort oder Punkt, an dem Veränderung eintreten kann, und damit setzte eine vollkommen neue Phase in der Geschichte des Gemäldes ein. Es gibt noch sehr viele andere Attraktoren, die auf das Phasenporträt der Mona Lisa aufgezeichnet werden können: die Gier der Diebe im Jahre 1911, die Angst um den Verlust während der beiden Kriege, die Zerstörungswut der Angreifer, die es mit Säure und Steinen attackierten, oder das Verlangen der Menschen in aller Welt, dieses Bild zu sehen, weshalb es nach Japan, Russland und in die USA verschickt wurde.

Die Mona Lisa mit ihrer mysteriösen Schönheit ist für sich selbst ein Attraktor, und ihre Reputation hat eine gewaltige Attraktionssenke hervorgerufen. Jedoch führten die Sicherheitsbedenken dazu, dass man sie davor bewahrte, weiteren Attraktoren zu begegnen, die zu Häufungspunkten oder Bifurkationen führen könnten. Hinter kugelsicherem Glas aufgehängt wurde das Gemälde in den Zustand eines entropischen Chaos versetzt. Dennoch brütet das Bild Millionen von Kopien seiner selbst in Form von Reproduktionen aus, was als ein neuer Lebensabschnitt des Gemäldes angesehen werden könnte. Vergleichbar mit den Fraktalen sind diese Kopien selbstähnlich, aber dennoch nicht exakt das Gleiche. Sie sind alle etwas unterschiedlich, nicht nur das Bild, sondern auch hinsichtlich des Trägermediums: Mousepads, Kaffeebecher, Kalender, Druck, T-Shirts, Postkarten, Schlüsselanhänger usw. Es besteht auch eine Skaleninvarianz, aber in diesem Fall ist nicht nur die Zeit die Skala, sondern auch der Wert und die Anzahl: ein Originalgemälde der Mona Lisa von unschätzbarem Wert, aber auch Millionen von Mona-Lisa-Kopien mit geringem Wert.

In unserem Modell mag das Phasenporträts für die Mona Lisa nur drei Anfangsattraktoren enthalten: Leonardos Liebe zu dem Gemälde, seine hoch geschätzten Fähigkeiten als Künstler und seine finanzielle Misere. Wenn das Phasenporträt allerdings diese Attraktoren kennt, dann könnte es die Häufungspunkte und die möglichen Pfade bemerken, die an den Gabelungspunkten eingeschlagen werden können. Ergänzen wir zu all dem noch Leonardos Anpassungsfähigkeit, dann würde uns dies dazu führen, dass wir die Grundlinie der sich entwickelnden Geschichte des berühmtesten Gemäldes der Welt beurteilen könnten. Die Überprüfung der Einzelheiten dieses Phasenporträts ermöglicht es uns vorherzusagen, dass Leonardos finanzielle Notlage verbunden mit seiner Liebe zu dem Gemälde und sein guter

Ruf ihn eventuell dazu führen wird, das Bild für eine stattliche Summe Geldes zu veräußern. Der Betrag dürfte so hoch gewesen sein, dass das Gemälde an das Königshaus verkauft werden musste und deshalb seinen Platz in einem Palast finden würde. Der Besitz des wertvollen Bildes würde etwas zum Prestige seines Besitzers beitragen und könnte vielleicht dazu führen, dass das Gemälde ein nationaler Schatz wurde. Jedoch konnte das Gemälde an jeder dieser Bifurkationen das entropische Chaos wählen und durch Feuer, Säure oder Revolutionen zerstört werden und sich in den Katalog der verlorenen Kunstgegenstände einreihen. Hier ist vor allem von Bedeutung, dass wir in Anbetracht der Einfachheit des ursprünglichen Phasenporträts zwar die Qualität der Zukunft des Gemäldes vorhersagen können, aber nicht den exakten Verlauf seiner Geschichte.

Ein Astrologe dagegen würde sich das Horoskop der Mona Lisa anschauen, um diese Informationen zu erhalten. Dies wäre ein Horoskop auf den Moment, als Leonardo an einem Sommertag in Florenz begann, seine ersten Entwürfe zu zeichnen. Vorausgesetzt, dieses Datum wäre bekannt und das Gemälde würde nicht auf einer bestimmten Stufe in das entropische Chaos wechseln, dann könnte der Astrologe davon ausgehen, dass er in diesem Horoskop das Ausmaß der Attraktionssenke erkennen kann, welche die Mona Lisa vermutlich erschaffen wird, die Zeitpunkte der Verkäufe, des Versteckens, der Attacken und Beschädigungen, die Reisen sowie seine außerordentliche Fähigkeit, sich selbst zu reproduzieren. Denn Astrologen sind der Meinung, dass die Ausgangsbedingungen des Himmels und der Erde, die am Anfang des Aufstiegs einer neuen Ordnung stehen, der Augenblick sind, welcher die gesamte Geschichte schon in sich enthält.

Ist damit ein Horoskop also eine Art Phasenporträt? Es scheint so, dass die Astrologen Horoskope auf dieselbe Art und Weise verwenden, auf die sich Capra hinsichtlich ihrer Verwendung und Erwartung bezieht. Aber dies ist möglicherweise nur eine Illusion.

Das Horoskop und das Phasenporträt

Ein Phasenporträt ist ein detailliertes Verständnis der Ausgangsbedingungen und es umfasst all das, was in der Chaos-Theorie sensitive Abhängigkeit von den Anfangswerten (SDIC) genannt wird. Dies ist das Prinzip, demzufolge Startabweichungen zu unverhältnismäßigen Unterschieden führen, weil die Ereignisse sich von dem auslösenden Moment am Beginn wegbewegen. Winzige Veränderungen in den Wettervariablen von Lorenz bewirken vollkommen unerwartete und nicht vorhersagbare Wetterstrukturen. In der wissenschaftlichen Psychologie wurde sogar angeregt, dass das Horoskop als eine Form von sensitiver Abhängigkeit von den Anfangswerten (SDIC)[76] betrachtet werden könnte, denn es zeichnet einige Details der Ausgangsbedingungen im Augenblick des Eintretens einer neuen Ordnung auf. Zusätzlich kann es, da die Astrologen auch die kleinsten Veränderungen (wie Ort oder Zeit) des Horoskops in Betracht ziehen, bei der sich entwickelnden Geschichte, die schon im Grundhoroskop angelegt ist, zu gewaltigen Umschwüngen führen. Es scheint so, als ob die Komponenten der jeweiligen »Ausgangskarte« zwar einerseits verschieden sind, dass aber das Handeln und die Intention des Astrologen und des Chaosforschers ähnlich geartet sind.

Ist dies schon ein ausreichender Beweis dafür, dass man Horoskope als frühe Ur-Phasenporträts ansehen kann? Es gilt noch einen weiteren Zusammenhang zu beachten. Wie schon im vorangegangenen Kapitel dargelegt, ist die Komplexitätstheorie damit befasst, den schmalen Grat zu erforschen, der sich bildet, wenn Beziehungen in einem Netzwerk intensiviert werden und beginnen, sich zwischen einem festen, unveränderlichen Zustand und der totalen Auflösung hin und her zu bewegen. Die Komplexitätsforschung entdeckte, dass sich in dem winzigen Zwischenraum dieser Membran die Entropie umzukehren scheint und spontan neue Ordnungen entstehen. Diese Erkenntnisse sind auch in die Molekularbiologie eingeflossen,

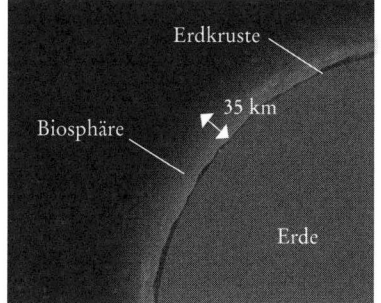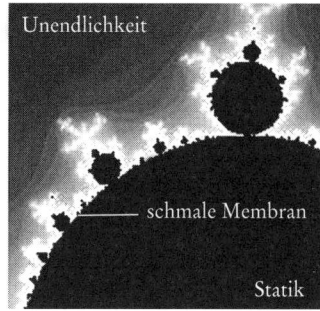

Abb. 10: Links – Die Biosphäre ist lediglich 35 km breit und erstreckt sich zwischen der Erde und dem unendlichen Weltraum. In diesem Bereich existieren alle bekannten Formen von Leben. Rechts – Ein Fraktal, das von der spontanen Ordnung und den Mustern gebildet wurde, die in der schmalen Membran zwischen statischen, unveränderbaren Bedingungen und der Zone der Unendlichkeit entstanden sind. Ähnlich wie sich ein Fraktal in dem Raum einer schmalen Membran durch Selbstähnlichkeit und Skaleninvarianz entwickelt, so entwickelt sich vermutlich auch das Leben auf der Erde in der Biosphäre, ebenso mittels der gleichen Prinzipien von Selbstähnlichkeit und Skaleninvarianz.

die ebenfalls andeutet, dass das Leben auf diese Weise seinen Anfang nahm: Eine Suppe mit hohen Wechselwirkungen kam zum Vorschein, die eine neue Ordnung enthielt, aber auch manche Elemente, die sich selbst mit der Zeit oder über unterschiedliche Skalen reproduzierten.[77] Es bestehen also starke Parallelen zwischen den minimalen Phasen, welche die Komplexitätsforscher untersuchen, und der dünnen Membran der Biosphäre, in der alles Leben entsteht. Beides sind feinste Phasen, die entweder durch den Erdraum (Biosphäre) oder die unveränderbare Unendlichkeit (Fraktal) gebunden sind. Die Biosphäre erzeugt eine Vielfalt des Lebens, und das Fraktal erzeugt eine Mannigfaltigkeit der Muster. In der Tat kann man argumentieren, dass die Biosphäre eigentlich eine Art Phasenraum ist, in dem die Komplexität (Ansteigen der Unterschiedlichkeit) auftritt, und folglich kann man auch annehmen, dass die Biosphäre ein fraktal-ähnlicher Bereich ist (siehe Abbildung 10). So gesehen sollte es uns nicht überraschen, wenn wir herausfinden, dass das Leben sich wie ein Fraktal verhält, welches Ordnungen bildet und Strukturen wiederholt.

Astrologen zeichnen einen ganz kleinen Ausschnitt der Zeit auf, integrieren in diese Zeitkarte die Erde und den Himmel und richten diese Aufzeichnung auf das exakt in diesem Augenblick geboren Individuum. Sie erfassen demnach einen winzige Ausschnitt, in dem Erde, Himmel und Zeit zusammentreffen. Die Astrologie hat diese qualitativen Karten der Startbedingungen einer Person seit Tausenden von Jahren gezeichnet, und diese bilden die Beziehung zwischen drei Bereichen ab: *Statik* (Erde) – *Zone der Komplexität* (Biosphäre) – *Zone der vollkommenen Auflösung* (Himmel). Darüber hinaus sind diese Horoskopzeichnungen durch die sensitive Abhängigkeit von den Anfangswerten (SDIC) der entstehenden Ordnung in Anspruch genommen, denn sie werden auf den genauen Ort und die exakte Zeit der Geburt errechnet. Die Astrologie hält also tatsächlich ganz genau den Punkt fest, für den die Chaos-Theorie zu verstehen gibt, dass neue Ordnungen in einer selbstähnlichen und skaleninvarianten Weise entstehen.

Chaos-Psychologie anerkennt zwar die dem Fraktal vergleichbare Natur unseres Lebens. Die von der Chaosforschung unterstützte Idee einer sensitiven Abhängigkeit von den Anfangswerten (SDIC) in Bezug zum Leben hält sie dagegen aus den Überlegungen heraus oder vergisst diese anzusprechen. Durch die Entdeckungen der Chaos-Theorie wissen wir, dass die Ausgangsbedingungen zum Zeitpunkt des Beginns einer neuen Ordnung von ganz entscheidender Bedeutung dafür sind, wie sich diese entwickeln wird. Wenn also die Erkenntnisse der Chaos-Theorie von Bedeutung dafür sind, wie sich menschliches Leben entfaltet, dann können wir auch argumentieren, dass die sich heraus kristallisierenden Strukturen im Leben eines Menschen tatsächlich sensibel für deren Anfangsbedingungen sind. Analog dazu ist es also durchaus vertretbar, die Beschäftigung der Astrologie mit den Ausgangsbedingungen zum Zeitpunkt der Geburt eines Individuums als eine berechtigte Position anzusehen, denn man kann nicht einige der Prinzipien der Chaos-Theorie akzeptieren und andere dagegen nicht.

Folglich ist es möglich, dass die Werkzeuge der Astrologie, die in den letzten 3000 Jahren intuitiv und empirisch entwickelt wurden, tatsächlich einen gewissen Wert haben. Die Annahme ist denkbar , dass das Horoskop eine vertretbare, wenngleich auch einfache Aufzeichnung der Startbedingungen des entstehenden neuen Lebens aus »der Randzone des Chaos« ist, welches danach strebt, seine Qualitäten und sein zukünftiges Potential zu zeigen.

Aus der Perspektive des Chaos könnte man gegen diese Idee kritisch einwenden, dass das Horoskop zu einfach ist und ein zu kleines Scheibchen der Zeit enthält. Ein Chaosforscher wird sich vermutlich sehr viel mehr Variablen wünschen, wenn er ein Phasenporträt für den Moment des Entstehens erstellt. Im Prinzip scheint es zwischen beiden aber nur geringe Unterschiede zu geben. Ganz einerlei, ob man das Argument, dass Horoskope eine starke Entsprechung mit der Vorstellung des Phasenporträts der Chaos-Theorie haben, akzeptiert oder nicht, es gibt noch weitere Wechselbeziehungen zwischen Astrologie und Chaos.

Planetenstrukturen und seltsame Attraktoren

In jedem Horoskop gibt es Planetenstrukturen, wie Astrologen dazu sagen. Dies sind geometrische Strukturen, die sich zwischen den Planeten und der Erdoberfläche zum Zeitpunkt der Geburt eines Menschen formen, wenn man sich die Himmelskörper geozentrisch von der Erde aus betrachtet. Je nach dem welche Art von Astrologie betrieben wird, gelten diese entweder als besondere Marksteine oder Tendenzen im Leben eines Menschen oder in seiner Psyche, welche die Verhaltensmuster vorgeben, symbolisieren oder anzeigen. Chaos-Studien innerhalb der Psychologie räumen die Existenz solcher Verhaltenstendenzen ein und bezeichnen diese als seltsame Attraktoren[78].

Übertragen wir dies in die astrologische Sprache. Wenn ein Mensch z.B. mit einer Mond/Pluto-Struktur geboren ist, dann meinen die Astrologen, dass die Person die Eigenart dieses Planetenpaars auf sich zieht. Vertrauensfragen, Betrug und intensive Partnerschaften werden in ihrem Leben ein wichtiger Bestandteil sein. Es wird viele verschiedene Ausdrucksformen für diese Tendenz geben, aber eine Planetenstruktur ist für den Astrologen ungefähr das, was ein Chaos-Psychologe als einen seltsamen Attraktor definieren würde. Sie formt das sich entwickelnde Lebensmotiv der Person, lenkt die Kontakte und die Situationen, in denen sie sich wiederfinden, sowie die Art, wie sie auf Ereignisse reagieren. Ein entscheidender Unterschied ist jedoch, dass der Astrologe mittels des Horoskops tatsächlich den »astrologischen« seltsamen Attraktor sehen und erkennen kann. Der Psychologe dagegen kann sich des »psychologischen« seltsamen Attraktors lediglich bewusst werden, indem er dessen Einfluss über eine sehr lange Zeitspanne hinweg beobachtet.

Dieser Punkt wird noch einleuchtender, wenn wir ihn uns von hinten her betrachten. Astrologen können der Biografie eines Menschen begegnen und aus der Lebensgeschichte schließen, dass eine ganz bestimmte Planetenkombination im Horoskop dieser Person am Werk ist. Schauen wir uns die Geschichte der folgenden Klientin an, die mir im Jahre 2005 Per E-Mail zugestellt wurde. Anne (Name geändert) spricht über eine Planetenstruktur.

Ich lebte viel zu lange in der Hoffnung auf einen Ausweg. Aber dieser völlige Wandel der Persönlichkeit von liebevoll, positiv und glücklich zu kleinkariert, immer und immer an der Ver-

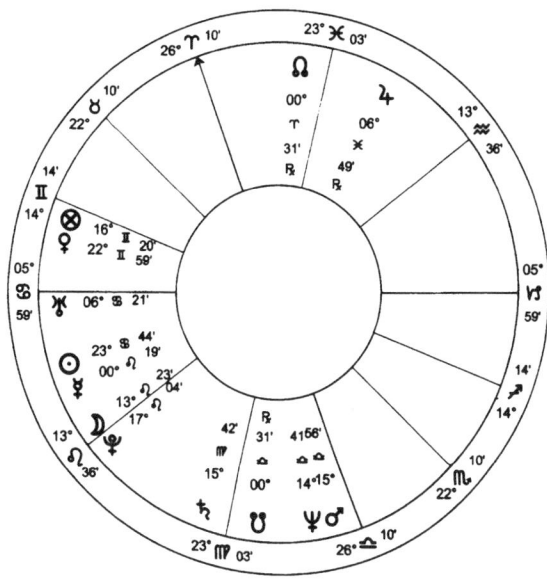

Abb. 11: Anne

gangenheit klebend, oder dass er einfach nur ekelhaft wurde, weil er über Wochen nicht die geforderte Behandlung bekam – all dies greift meine Gesundheit und auch mein Geschäft an. Man sagte mir, dass er sich eventuell selbst zerstören wird, denn er scheint sich einen Teufel um sich selbst zu scheren .... Und jeder sagt, dass nur der Tod uns trennen wird! .... aber ich habe so ein Gefühl, dass alles auseinander gehen wird, denn ich kann es nicht mehr länger aushalten, an einem Tag die Übergriffe und am nächsten Liebe und Zuneigung zu erfahren.

Welche Planetenstruktur ist hier am Werk? Was sind die seltsamen Attraktoren? Es ist unwesentlich, dass Anne über ihren Partner spricht. Sie selbst ist in der Situation und war es schon seit zehn Jahren. Sie lebt deswegen in der Attraktionssenke eines bestimmten seltsamen Attraktors, der für sie eine

113

intensive, dramatische, »Nur der Tod wird uns scheiden«-Beziehung vorsieht, die wild hin und herschwankt zwischen Liebe und Zärtlichkeit einerseits, Groll, Angst und Misshandlung andererseits. Ein Astrologe wäre nicht sonderlich überrascht zu erkennen, dass sie mit Uranus am Aszendenten sowie einer Mond/Pluto-Konjunktion geboren wurde (siehe Abb. 11). Es gibt zwei seltsame Attraktoren mit überlappenden Attraktionssenken, der eine für Unabhängigkeit und der andere für intensive Bindung. Annes Leben bewegt sich durch ihre Beziehung in diese Attraktionssenken hinein und wieder heraus.

Obwohl man in ihrem Horoskop noch viele andere Faktoren in Betracht ziehen kann, resultiert für Anne diese bestimmte Konstellationsstruktur in dem Wechselbad der Gefühle durch das Verhalten ihres Partners. Anne verursacht diese Zwickmühle nicht, stattdessen zieht sie eine Person in ihr Leben, welche dies an ihrer Stelle übernimmt, und sie pendelt zwischen den beiden Attraktoren in einem Stillstand. In Begriffen der Chaos-Theorie ausgedrückt würden wir sagen, sie steckt in einer Art entropischem Chaos. Abhilfe aus diesem einen Zustand kann erreicht werden, indem Anne ihre Kontakte verstärkt, was neuen Strukturen ein Entstehen ermöglicht und ihr die Gelegenheit gibt, unverbrauchte Lösungen für ihre Probleme bereitzustellen. Diese Annäherung an Annes Dilemma entspricht der Praxis der Chaos-Astrologie, auf die wir später eingehender zu sprechen kommen werden. Im Augenblick ist es einfach wichtig, die Funktionsweise dieser psychologischen und/oder astrologischen seltsamen Attraktoren zu verstehen und zu erkennen.

Hier ein weiteres Beispiel. Im Jahr 2005 schrieb mir Joan die folgende E-Mail.

Ich bin mit einem wiederkehrenden Muster oder Zyklus in meinem Leben beschäftigt, der mich schon wieder getroffen hat. In diesem Zyklus fühle ich mich vollkommen verloren, so als ob ich in einem Whirlpool runtergezogen würde – ohne eine Vorstellung, was ich will, was ich tun soll, einfach nur mit dem Wunsch,

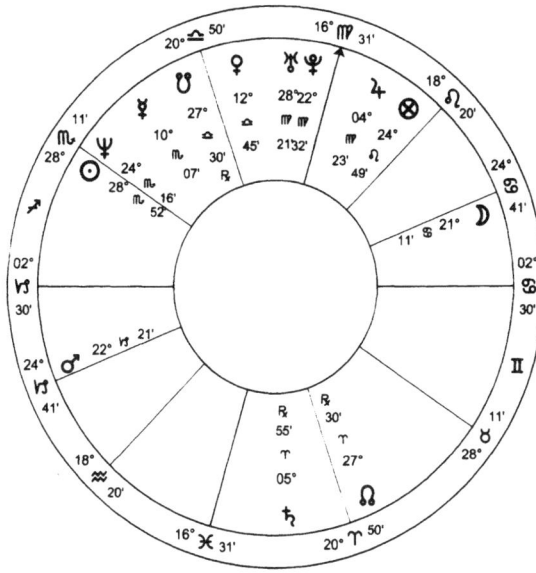

Abb. 12: Joan

mich zurück zu ziehen. Alltägliche Aufgaben wie Einkaufen überfordern mich, und ich bleibe zurück mit der Frage, was das Leben ausmacht. Gleichzeitig jedoch spüre ich das dringende Bedürfnis, etwas zu tun oder mich an etwas zu klammern, um mich da raus zu ziehen. …. Es fühlt sich nicht an, als sei ich dies.

Der Astrologe wäre kaum überrascht, denn Joan hat eine Sonne/Neptun-Konjunktion an der Spitze des 12. Hauses (siehe Abb. 12). Joan erkennt zwar, dass dies einer ihrer Zyklen ist, aber sobald sie in die Attraktionssenke des seltsamen Attraktors Sonne/Neptun gezogen wird, ist sie der Meinung, dass sie nicht in der Lage ist, diese zu verstehen. Sie empfindet diese Bewegung in die Attraktionssenke, als würde sie in die Tiefe gezogen werden. Sowohl Anne als auch Joan sprechen in eigenen Worten über eine anhaltende Schwierigkeit, die außerhalb ihrer Kontrolle zu sein scheint.

Definieren wir einen seltsamen Attraktor auf die Art und Weise eines Chaos-Psychologen als einen versteckten Einfluss, der Verhalten vorschreibt oder beeinflusst, dann sprechen sowohl Anne als auch Joan tatsächlich über seltsame Attraktoren, die gewaltige indirekte Folgen auf ihr Leben haben. Ähnlich wie ein Psychologe eine Neurose feststellt, kann auch der Astrologe diese Strukturen erkennen und benennen. Aber für das Auge des Astrologen ist der seltsame Attraktor nicht versteckt, sondern kann in dem Horoskop zum Zeitpunkt der Geburt gesehen werden.

Astrologen anerkennen und integrieren seltsame Attraktoren (nach der Definition der Chaos-Psychologie) in ihre Arbeit, indem sie akzeptieren, dass bestimmte Horoskopfaktoren das Individuum in verschiedene sich wiederholende Muster hineinziehen.

Häufungspunkte und die sensiblen Punkte eines Horoskops

Ein Häufungspunkt bezeichnet die Stelle, an der ein System empfindlich auf Veränderungen reagiert, einen Punkt, wo irgendwann in der Zukunft eine Weggabelung auftritt, so dass das sich entfaltenden Leben oder die Gleichung sich zwischen den Optionen »entscheiden« muss. Es muss unbedingt gewürdigt werden, dass die Alternativen, die dem entstehenden Leben oder der Gleichung offen stehen, nicht unendlich sind. Tatsächlich gibt es nach den Erkenntnissen der Chaos-Theorie an den Häufungspunkten und den daraus resultierenden Gabelungen nur eine begrenzte Anzahl an Möglichkeiten. In der astrologischen Sprache können wir einen Häufungspunkt als einen sensiblen Punkt im Horoskop betrachten. Sobald ein solcher sensibler Punkt prognostisch betont wird, etwa durch einen Transit, dann kommt die Zeit, in der Veränderungen im Leben des Geborenen eintreten. Sowohl die Chaos-Theorie als auch die Astrologie legen nahe, dass die Art der Veränderungen, die der betreffenden Person widerfahren werden, endlich und bestimmt sind.

Verwenden wir die Terminologie der Chaos-Theorie, dann sagt uns Annes E-Mail, dass sie der Meinung ist, einen Häufungspunkt erreicht zu haben. Eine Bifurkation tut sich auf und sie meint »springen« zu müssen, sie ist sich jedoch unsicher, was vor ihr liegt. Sie wünscht sich die Veränderung, da sie die destruktive Natur des entropischen Chaos, in dem sie steckt, erkennt. Allerdings möchte sie den Wechsel in einer möglichst positiven Weise unterstützen. Es gab einige Transite in Annes Horoskop im Jahr 2005, aber ein besonders hervorzuhebender Transit war der laufende Pluto in Opposition zur Geburtsvenus. Die meisten Astrologen würden dies als eine aktive Komponente des Systems einschätzen. Ihre Venus im Radixhoroskop ist der Häufungspunkt, denn sie ist ein markanter Punkt dieses Horoskops. Annes Ankunft an dieser Bifurkation wird dadurch angezeigt, dass Pluto eine Opposition im Transit zu Venus bildet.

Ein Astrologe kann sich Annes Proto-Phasenporträt (das Horoskop) anschauen und dabei feststellen, dass sie sich im Jahr 2005 zu einer Bifurkation hingezogen fühlen wird (eine Zeit der Veränderung). Die dabei möglichen Ergebnisse dieses Wandels sind nicht unbeschränkt, denn die planetaren Kombinationen (seltsame Attraktoren) deuten an, dass in dieser Zeit verborgene oder überholte Themen (Venus im 12. Haus), die in Verbindung mit ihrer intensiven persönlichen Beziehungen stehen (Mond/Pluto-Konjunktion), eine Krise auslösen werden Wie eine Person diese Bewegung eher zum deterministischen Chaos (einen strukturreichen, kreativen Bereich) hin als zum entropischen Chaos unterstützen kann, behandeln wir später.

Astrologen kennen und integrieren die Vorstellung von Häufungspunkten in ihre Arbeit, indem sie sensible Punkte im Horoskop erkennen, die man verwendet, um zukünftige Veränderungen der Zeit und der Qualität vorherzusagen.

Homöostase – unser Widerstand gegen Veränderung

Ein ganz charakteristischer Bestandteil des Leben in der Biologie und in der Chaos-Theorie ist dessen Fähigkeit, Widerstand gegen kleine Veränderungen aufzubringen.[79] Dies ist auch bekannt als Homöostase: die Fähigkeit eines vielfältig verkoppelten, in Wechselbeziehungen stehenden Netzwerkes (das Leben), sich selbst in einer Welt der kontinuierlichen Anpassung zu erhalten. Man hat ein natürliches Gleichgewicht in seinem Leben und man möchte selbstverständlich den Störungen dieser Balance widerstehen. Generell werfen kleine Vorfälle uns nicht aus dem Fluss unseres Lebens. Aber große Ereignisse können unser Leben plötzlich in eine andere Richtung schwenken lassen. Wir kennen die Homöostase in emotionaler, spiritueller, körperlicher und intellektueller Hinsicht. Man kann dies auch als seine Grenzen bezeichnen; die Chaos-Theorie spricht von homöostatischen Tendenzen.

Auch die Astrologie räumt bei einem Menschen die Fähigkeit ein, anstehenden Veränderungen zu widerstehen und ein dynamisches Gleichgewicht aufrecht zu erhalten, denn nicht alle vorhersagbaren Ereignisse werden als gleichwertig angesehen, was das Potential der angekündigten Veränderungen anbelangt. Würde sich Anne zum Beispiel am Punkt einer Bifurkation wiederfinden, wenn sie die laufende Venus in Opposition zu ihrem Radix-Pluto hätte? Nein und zwar ganz einfach deshalb, weil der Venus-Transit zu ihrem Pluto ein sehr häufig vorkommender Übergang ist und ähnlich einer sanften Brise, die oft bläst, bedeutet dies wenig Einschränkung für Annes Fähigkeit, die Homöostase beizubehalten. Dagegen tritt der Pluto-Transit viel seltener auf, tatsächlich kommt er nur einmal in ihrem ganzen Leben vor und entspricht insofern einem gewaltigen und heulenden Sturmwind, der dem Astrologen ankündigt, dass ein unentrinnbarer Umschwung bevorstehen wird. Folglich wird Annes Homöostase ernsthaft herausgefordert. Ähnlich wie die Chaos-Forscher, die eine Enzyklopädie der Bifurkationen zusammenstellen[80], haben auch die Astrologen Begriffe, die sich exakt auf diesen Umstand konzentrieren. Jedes anerkannte Buch über prognostische Astrologie wird diese Idee widerspiegeln:

1. unterschiedliche Horoskoppunkte nach deren Empfänglichkeit für Veränderungen einzuteilen;

2. prognostische Katalysatoren auf ihre Fähigkeit hin zu überprüfen, inwieweit sie das Ausmaß dieser Veränderung anzeigen.

Astrologen anerkennen die Vorstellung der Homöostase und nehmen diese mit in ihre Tätigkeit auf, indem sie die Auswirkung von unterschiedlichen vorhergesagten Ereignissen auf das Leben des Menschen klassifizieren.

Zyklen in der Astrologie – Selbstähnlichkeit und Skaleninvarianz

Wir leben unser Leben in einem Meer der Zeit und für viele von uns scheint es, als ob die Zeit nur einmal kommt. Man rät uns, diese nicht zu vergeuden und anscheinend haben wir niemals genügend davon. In unserer geschäftigen und mit sich selbst beschäftigten Welt werden wir zu dem Glauben verleitet, dass die Zeit linear sei und für immer verloren gehe, wenn sie vergangen ist. Dies mag biologisch gesehen auf unser Leben oder den Körper bezogen stimmig sein, aber es ist nicht zutreffend dafür, wie wir die Welt erfahren. Die Zeit ist für materielle Objekte linear, lebende Systeme empfinden Zeit dagegen als zyklisch. Ebenso wie es zwei Welten gibt – eine lineare und eine nichtlineare – gibt es zwei Arten von Zeit.

Alle unsere Indikatoren für Zeit sind zyklisch; einige sind Bestandteil großer Zyklen, andere gehören dagegen zu ganz kurzen Zyklen. Die beiden grundlegenden Indikatoren sind erstens die Umlaufbahn der Erde um die Sonne, welche die Periode eines Jahres ergibt und zweitens die Umdrehung der Erde um ihre eigene Achse, welche Tag und Nacht festlegt. Dies sind die Fundamente jeder Zeitvorstellung, einerlei wie wir diese messen. Allerdings tragen diese beiden Messstäbe Variationen in sich, die unsere zeit-bewusste Welt daran erinnern, dass die Zeit eben nicht so linear und konstant ist, wie wir es uns vortäuschen. Selbst unsere Atomuhren müssen der unregelmäßigen Umlaufbahn der Erde Anerkennung zollen, denn alle paar Jahre ist die manuelle Justierung um eine Sekunde erforderlich.

Somit basiert die Zeit also nicht auf einer linearen Vorstellung, und folglich besucht uns die Zeit in ihrer Qualität nicht nur einmal wie eine endliche Saite, die in den Zwischenraum gespannt ist. Die Zeit ist vielmehr auf zirkulare Manier geschaffen, wie eine Schleife mit einem Gedächtnis, die uns immer und immer wieder aufsucht. Durch die Qualität der Zeit oder der Ereignisse *bekommt* man eine zweite Chance – und manchmal sogar eine dritte oder vierte Chance. Für lebende Wesen ist Zeit in Wirklichkeit wie Zyklen innerhalb von Zyklen.

Wenn wir jeden Jahreszyklus als sich selbst ähnlich annehmen, dann ist Frühling eben Frühling, ihren Geburtstag haben Sie an einem bestimmten Tag des Jahres, und Nationalfeiertage wiederholen sich in einem jährlichen Muster. Einige dieser Zyklen sind augenfällig. Wenn man jeden Montag eine bestimmte Aufgabe zu erfüllen hat ist es einfach, ungefähr vorherzusagen, was man am kommenden Montag tun wird. Für jeden Sommer können Sie wärmeres Wetter voraussagen, denn der Jahreslauf entwickelt sich auf eine Weise, die wir erfahren und verstehen können. Wir können uns an vergangene Sommer erinnern und deswegen zukünftige Sommer vorausahnen. Heiligabend kann auf einen Mittwoch fallen und dennoch werden die meisten Menschen wissen, dass dies kein herkömmlicher Arbeitstag werden wird, veranlasst durch die Einbindung dieses Mittwochs in einen größeren Zyklus des Jahres. Aufgrund unserer Vergangenheit und der bisherigen Lebensereignisse erkennen wir jedoch, dass jedes Jahr, auch wenn es in gewisser Weise ähnlich verläuft, doch zugleich auch anders und nicht vorhersagbar ist.

Trotz allem tendieren wir aber dazu, das Jahr für einen kompletten Zyklus zu halten und sehen es unabhängig und nicht verbunden mit anderen Jahren, da die linear strukturierte Welt in der wir leben, nur den Tag- und Nacht-Rhythmus, den Wochenzyklus und die Jahreszeiten anerkennt. Unser »Zyklengedächtnis« kann sich von einer Stunde zu einem Wochentag und dann noch zu einem Jahr erweitern, aber es streikt, sobald es weiter darüber hinaus gehen soll. Für einen Astrologen ist Zeit jedoch etwas anderes. Der Astrologe sieht das Leben einer Person in sich wiederholenden Zyklen sich entfalten, die alle etwas unterschiedlich sind, aber dennoch alle eine ähnliche Atmosphäre haben, und viele dauern wesentlich länger als nur ein Jahr.

Ein Zyklus kann definiert werden als die Verbindung von Ereignissen mit der Zeit, ähnlich einem gewebten Tuch, bei dem jede Faser und jede Farbe einen Beitrag zum fertigen Muster leistet. Der Stoff als solcher ist statisch, aber sobald er gewoben ist, ist die Ordnung und Abfolge des Gewebes ebenso ein Teil des Musters wie die tatsächlichen Farben der Fäden. Wenn wir unsere Augen über die Strukturierung des Tuches bewegen, nehmen wir den nächsten Ast schon dadurch vorweg, dass wir die vorangegangenen Muster verstehen, die durch die innere Verbindung von Faser und zeitlicher Abstimmung entstanden sind. Ein Zyklus informiert uns demnach nicht nur über den möglichen Inhalt – die Struktur –, sondern auch über das mögliche Timing dieser zukünftigen Ereignisse. Astrologen arbeiten mit sehr vielen Zyklen, die alle auf einer Skala basieren, normalerweise der planetarischen, die mit einer anderen Skala verbunden ist, nämlich der des Lebens einer Person (eines Landes, einer Organisation usw.). Außerdem sieht die Astrologie so wie andere Disziplinen auch, dass alle Zyklen den gleichen Ablaufrhythmus zum Gegenstand haben: einen Anfang, eine Periode des Wachstums, eine Zeit der Fülle und schließlich eine Phase der Abnahme, die auf einen Schlusspunkt hinsteuert, welcher dann wiederum zu einer Wiedergeburt führen wird. Ob es sich dabei um den täglichen Rhythmus von Tag und Nacht innerhalb von 24 Stunden, den monatlichen Zyklus der Mondphasen, die Zyklen der äußeren Planeten oder die synodischen Zyklen zweier Planeten handelt, welche bis zu 500 Jahren dauern können – alle diese Zyklen entwickeln sich in der Astrologie mit denselben Hauptphasen und alle bringen die gleichen Schlüsselideen zum Ausdruck.[81]

Folglich ist die Dämmerung eines neuen Tages, welche immer im Laufe von 24 Stunden eintritt und nur wenige Minuten dauert, mit dem Neubeginn verbunden. Dasselbe gilt für die Phase des zunehmenden Mondes, die alle 29 ½ Tage eintritt und nur ein paar Tage dauert. Dies gilt auch für den separativen Winkel von 45° zwischen Neptun und Pluto, der sich lediglich alle 492 Jahre ereignet und 60 Jahre anhält. Alle Zyklen, ob kurz oder lang, unterliegen den gleichen Phasen und sind in dieser Hinsicht ein Exempel für eine Skaleninvarianz und Selbstähnlichkeit. Jeder ist anders und doch sind alle ähnlich, manche klein, manche groß.

Außerdem kann man von einem Ereignis oder einem Muster, das an einem ganz bestimmten Punkt des Zyklus auftritt, aufgrund des Prinzips der Selbstähnlichkeit erwarten, dass es grundsätzlich an der gleichen Stelle in dem Zyklus erneut auftreten wird. Dies ist ganz offensichtlich im Rhythmus der Wochentage, denn ein Montagmorgen erzeugt das gleiche wiederholbare Verhalten in einem Individuum. Alle Zyklen, nicht nur der Wochenrhythmus oder die Jahreszeiten, sind mit den Etappen ihrer Selbstähnlichkeit verbunden. Wenn der Astrologe dies nun mit der Skaleninvarianz kombiniert, ist er in der Lage, einen großen Zyklus zu prüfen, um einen anderen sich aufbauenden Zyklus zu untersuchen. Tatsächlich gehört es zu den interessantesten Prognosetätigkeiten, Zyklen auf diese Weise zu kombinieren.

Vor einiger Zeit wurde ich einmal gebeten, einen Artikel über die Zukunftsaussichten Australiens im kommenden Jahr zu schreiben[82], und wie die meisten Astrologen, die mit solch einer Aufgabe betraut werden, wandte ich mich den Zyklen zu. Es handelte sich um das Jahr 2001, und ich bemerkte, dass sich ein bestimmter Mondzyklus wiederholen würde (19 Jahre und ca. 9-11 Tage). 19 Jahre zuvor gab es in Australien die Aufregung um den Chamberlain Fall, bei dem ein Dingo angeblich ein Baby gepackt und aufgefressen hat. Es war eine unruhige Zeit in Australien, denn die ganze Nation war mitgerissen von dem Drama und den Diskussionen um den Tod des kleinen Kindes. War es Muttermord oder der Tod durch den Dingo? In dem Artikel habe ich lediglich vermutet, dass sich dieses Drama im Jahr 2001 in gewisser Weise wiederholen würde. Und es kam so, denn auf der Fraser Insel (Queensland) wurde ein kleiner Junge von einem Dingo getötet. Dies war das erste Mal seit dem Chamberlain Fall, dass ein Kind wieder von einem Dingo angegriffen wurde. Allerdings wurde bei diesem selbstähnlichen Muster kein Dingo erschossen, und auch die Mutter wurde nicht beschuldigt, ihr Kind umgebracht zu haben.

Es gab noch einen anderen interessanten Zyklus. Saturn braucht 29½ Jahre, um einmal um den Tierkreis zu laufen. Folglich bestand eine Verbindung zwischen dem Jahr 2001 und dem Jahr 1971, da sich Saturn jeweils auf der gleichen Position im Tierkreis befand. 1971 war ein schwieriges Jahr für die Luftfahrt, und Quantas, die größte internationale Fluggesellschaft Australiens, wurde von Erpressern unter Druck gesetzt und durfte nicht mehr fliegen. Prompt geschah es 2001, dass einer anderen Fluggesellschaft (Ansett) die Starterlaubnis versagt und wegen Mängeln bei den Sicherheitsstandards beinahe die Lizenz entzogen wurde. Dies war der erste Fall seit 1971, dass eine nationale Fluglinie in Australien nicht mehr starten durfte.

Es gab noch ein weiteres Jahr, auf welches mein Auge fiel. 1989 ging eine größere Bank in Australien bankrott. Jupiter hat einen Zyklus von zwölf Jahren, so dass für mein astrologisches Auge das Jahr 1989 im Hinblick auf finanzielle Verluste oder Firmensterben mit dem Jahr 2001 verflochten war. 2001 brach eine große Versicherungsgesellschaft (HIH Versicherungen) mit einem Verlust von fünf Milliarden Dollar zusammen.

All dies sind Beispiele für Skaleninvarianz und Selbstähnlichkeit. Man könnte noch Hunderte vergleichbare Beispiele von Astrologen auf der ganzen Welt anführen, denn diese Techniken gehören zur Standardausrüstung des prognostischen Handwerks. Die Astrologen verwenden zunächst die Skaleninvarianz, um die Charakteristika der kommenden Zeitperiode zu untersuchen, indem sie sich eine anderes Muster anschauen, im allgemeinen die Konfigurationen der Planeten. Dann werfen sie einen Blick auf die Geschichte und gewinnen Einsichten in die Eigenart der früheren Ereignisse, die mit diesem Häufungspunkt (Punkt im Horoskop oder auf dem Tierkreis) verknüpft sind. Schließlich betrachtet der Astrologe den nächsten Zeitpunkt, an dem dieser spezielle Häufungspunkt erneut durch einen planetarischen Zyklus »aktiviert« wird, und indem er die Prinzipien der Selbstähnlichkeit und der Skaleninvarianz einsetzt, sagt er sowohl den Zeitrahmen eines zukünftigen Ereignisses als auch die Qualität der zu erwartenden Vorkommnisse voraus, allerdings jedoch nicht die exakte Ausdrucksform.

Astrologen anerkennen und benützen in ihrer Arbeit aktiv die Konzepte von Selbstähnlichkeit und Skaleninvarianz, nicht nur im Zusammenhang mit Zyklen, sondern auch in ihrer grundlegenden Annahme, dass die Strukturen und Zyklen des Himmels sich in den Mustern und Kreisläufen des Lebens auf der Erde widerspiegelt.

Die Unsterblichkeit des Horoskops und der Strukturen

Wir wissen, dass sich die Strukturen von Fraktalen über Millionen von Wiederholungen unendlich in der Zeit bewegen können. Stehen diese mit den Lebensmustern in Zusammenhang, dann können Fraktale als Widerspiegelung für die Unsterblichkeit bzw. den unaufhörlichen Kreislauf von Geburt, Leben und Tod angesehen werden, wodurch eine Spezies am

Leben erhalten wird. Astrologen bestätigen die unsterbliche Natur dieser Muster ebenfalls, denn in der Astrologie gibt es den Glauben, dass ein Horoskop niemals stirbt. Dies zeigt sich zum Beispiel in der ziemlich weit verbreiteten astrologischen Praxis, mit historischen Horoskopen zu arbeiten, z.B. für ein Land, eine frühere Schlacht oder eine schon lange verstorbene Person. Diese werden dann mit den Geburtsbildern lebender Personen in Vergleich gestellt, um die Beziehung zwischen beiden zu beurteilen. Astrologen gehen nicht davon aus, dass der biologische Tod oder das Dahinschwinden der Zeit eine Struktur beendet. Es gibt in dieser Hinsicht keine Einschränkungen; Strukturen oder Horoskope haben kein Mindesthaltbarkeitsdatum, zu dem sie ablaufen. In der astrologischen Praxis sind Horoskope unsterblich. Sie sind Gefäße für Variationen eines Motivs, das in neue Generationen übertragen wird, ähnlich wie Mythen, die in der Kultur durch die Literatur, durch Leben und persönliche Geschichten überliefert werden. Horoskope sind Strukturen – Strukturen sind Menschen – Menschen sind Geschichten – Geschichten sind Strukturen – Strukturen sind Horoskope.

Familienhoroskope

Die Astrologie nimmt an, dass alle Mitglieder der gleichen Familie Horoskope haben, die Variationen einer bestimmten Struktur an den Tag legen. Ähnlich wie die Verwandten einen neugeborenen Säugling daraufhin untersuchen, ob er die Augen des Vaters oder die Nase der Mutter hat, will der Astrologe herausfinden, ob das Kind ein »Familienhoroskop« mit einer bestimmten Struktur hat, das Markenzeichen der Familie. Vergleichbar unserem gewebten Tuch im Webstuhl, ziehen auch die seltsamen Attraktoren der Familie bestimmte »Farben und Formen« an, welche die Fortführung ihrer Gesamtstrukturen sicherstellen. Gerade die Vorstellung der Familienmuster, sei

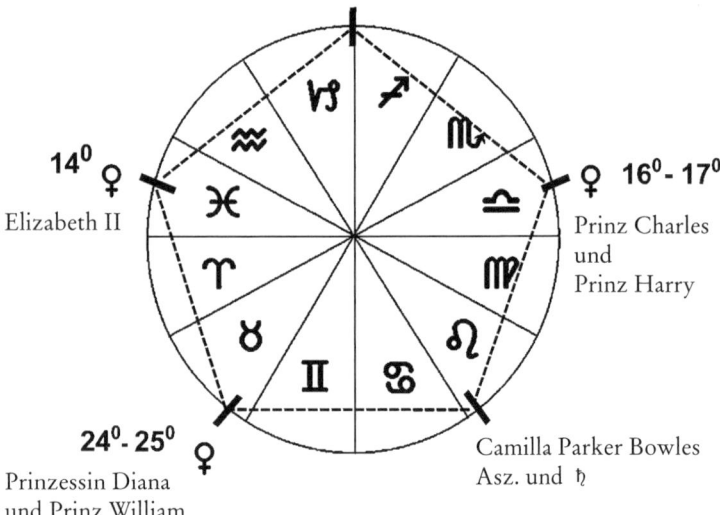

14⁰ ♀
Elizabeth II

16⁰ - 17⁰ ♀
Prinz Charles
und
Prinz Harry

24⁰ - 25⁰ ♀
Prinzessin Diana
und Prinz William

Camilla Parker Bowles
Asz. und ♄

Abb. 13: Ein Familienmuster bei der königlichen Familie. Venus in der 5. Harmonic (Quintil, 7°) zwischen der Großmutter Elisabeth II., ihrem Sohn Charles, dessen Frau Diana und deren beiden Söhnen. Die zweite Frau von Charles und Stiefmutter der Kinder hat den Aszendent und den Saturn ebenfalls passend in dieser Struktur platziert.

es in der Astrologie oder in der Psychologie, ist eine Übung in »lebendiger« Fraktalgeometrie.

Wir können uns eine einfache Familienstruktur bei der britischen Königsfamilie ansehen. Königin Elisabeth II. (Jahrgang 1929) hat ihre Geburtsvenus auf 13°57' Fische. Prinz Charles, ihr erstes Kind wurde 1948 mit einer Venus auf 16° Waage geboren. Die beiden Tierkreispositionen der Venus sind in einem Biquintil voneinander entfernt (zweimal 72°, was ein Fünftel des Kreises ist). Im Jahre 1961 wurde Diana Spencer geboren mit einer Venus auf 24° Stier. Diese Position steht sowohl in einem Quintil (72°) zur Venus der Queen als auch in einem Biquintil (144°) zur Venus von Charles. Diana heiratet Charles und ihr erstes Kind William wird 1982 geboren. Seine Venus

126

steht ebenfalls bei 24°-25° Stier, also ungefähr an der gleichen Stelle wie bei seiner Mutter. Ihr zweites Kind Harry (1984) hat seine Venus ähnlich wie sein Vater bei 16° – 17° Waage.

Es überrascht nicht, dass Camilla Parker Bowles, die immer im Hintergrund dieser Beziehung stand, in dieses Schema passt. Ihr Aszendent und ihr Saturn stehen in den ersten Graden des Löwen. Erstaunlicherweise hat die Mutter von Elisabeth II. ihr Medium Coeli an dieser Stelle. Die freie Lücke im Steinbock in dieser Struktur könnte ohne weiteres auch mit dem Horoskop eines geliebten Hundes oder Pferds gefüllt werden, denn diese Muster sind nicht nur auf Menschen fixiert. In diesem »Familienfraktal« wurde es Camilla durch ihre Heirat mit Charles im Jahre 2005 ermöglicht, die Leerstelle wieder zu ergänzen, die entstanden ist, als die Queen Mother im Jahr 2002 verstorben ist. In einer linearen, dynamischen Welt ist die Wahrscheinlichkeit, dass sich diese Familienstrukturen bilden, ungefähr bei 1: 60.000.000. Dies hier ist jedoch die *nichtlineare* dynamische Welt, in der entdeckt wurde, dass Strukturen selbstorganisierend sind und ziemlich natürlich entstehen, so dass derartige Wahrscheinlichkeiten ohne Bedeutung sind. Es gibt viele weitere Schablonen in dieser Familie, so wie es in jeder Familie oder Gruppe bestimmte Strukturen gibt. Des weiteren sind diese Muster sich selbst organisierend und versuchen sich zu »füllen«, indem sie andere Kurven und Momente in ihre Attraktionssenke ziehen.

Lock-In, ein Planet kommt zu seiner Bedeutung

Die Existenz dieser aufstrebenden und selbstorganisierenden Strukturen in der Astrologie ist zwar kein Beweis für diese, aber es ist ein Nachweis für die Anwesenheit des Chaos-Paradigmas. Die Tatsache, dass die Astrologen diese Strukturen erkennen, bedeutet aber auch, dass sie diesen über Tausende von Jahren Bedeutungen zugewiesen haben. Wenn eine Struktur über die

Jahre wächst und sich durch eine Kultur verbreitet, erlangt sie möglicherweise eine Zustand, welcher in der Komplexitätsforschung als *Lock-in* bekannt ist: Gemeint ist damit ein Zustand, der eintritt, sobald eine bestimmte Ausdrucksform einer Idee, eines Gegenstandes oder einer Struktur in der Kultur so dominant wird, dass sie gegen Veränderungen resistent ist und homöostatische Qualitäten annimmt. Nehmen wir als Beispiel die Venus im Jahr 3500 vor Christus. Sie kann Symbole und Bedeutungen durch eine Stammesfamilie absorbieren (wie im Falle der britischen Königsfamilie), und ganz allmählich entsteht ein sich selbst organisierendes kulturelles Muster. Wenn sich dieses mit der Zeit mit anderen Kulturen vermischt, können sich diese Symbole und die ihnen zugeschriebenen astrologischen Bedeutungen verändern, aber letztlich erwerben sie laut Komplexitätsforschung den Zustand des *Lock-In*. Folglich werden die astrologischen Bedeutungen der Planeten durch die Verbindung einer Kultur mit den selbst-organisierenden und natürlich entstehenden astrologischen Strukturen mitgestaltet.

Aspektfiguren

Astrologen beobachten, ob gewisse Winkel in einem Geburtshoroskop bestimmte geometrische Figuren ergeben wie etwa ein Großes Trigon (drei Planeten jeweils an den Spitzen eines gleichschenkligen Dreiecks) oder ein Grosses Kreuz (vier Planeten in einem Quadrat), denn solche Aspektfiguren haben eine Bedeutung, die über die individuellen Kombinationen von Zeichen, Haus und Planet hinausgehen. Man bezeichnet sie als Aspektfiguren, und diese werden als besondere Signaturen angesehen, ähnlich wie Bilder in einem Fraktal. Man nimmt an, dass diese Strukturen sich auf selbstähnliche Weise in anderen Familienhoroskopen vergangener und zukünftiger Generationen widerspiegeln.

Der Astrologe geht ebenso davon aus, dass eine unvollstän-

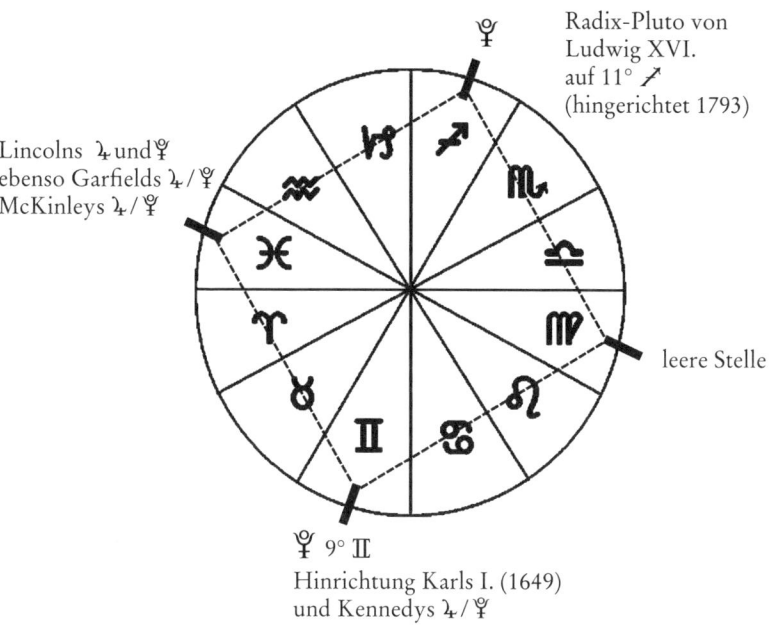

Abb. 14: Die Aspektstruktur verbindet den Tod von Karl I.
(England), Ludwig XVI. (Frankreich) mit den vier
ermordeten US-Präsidenten.

dige große Aspektfigur eine teleologische Qualität besitzt, ähnlich wie ein Attraktor, der seine eigene Vervollständigung zu erreichen versucht, indem er Menschen und Ereignisse in das Leben einer Person zieht. Ferner arbeiten Astrologen mit dieser Idee der Aspektstrukturen nicht nur in Horoskopen von Individuen, sondern auch bei der Betrachtung der Geschichte. Gibt es in einer Sammlung von historischen Horoskopen, sagen wir von Staatsoberhäuptern, eine leere Stelle an einer kollektiven bedeutsamen Stelle ihrer Geburtsbilder, dann besteht die Erwartung, dass die Struktur eine neue Führungspersönlichkeit anzieht, welche die Figur vervollständigt oder ergänzt.

Ein Beispiel dafür kann man in der Struktur sehen, welche

die Exekution Karls I. von England (1649) mit dem Horoskop Ludwigs XVI. von Frankreich verbindet, der 1793 hingerichtet wurde. Die Linie wird weiter gezogen zu Abraham Lincoln, der am 12.2.1809 mit einer Jupiter-Pluto-Konjunktion in den Fischen geboren wurde. Diese bildet ein Quadrat zur Pluto-Achse der beiden hingerichteten Könige (siehe Abb. 14).

Nach dem Attentat auf Abraham Lincoln gab es drei weitere Präsidenten der USA, die ermordet wurden: James Garfield, geboren am 19. November 1831, ermordet 1881; William McKinley, geboren am 29. Januar 1843, ermordet 1901; sowie John F Kennedy, geboren 29. Mai 1917, erschossen 1963. Sie haben alle eine Jupiter-Pluto-Halbsumme, die einen Bezug zu diesem Großen Quadrat hat. Die noch leere Stelle in der Jungfrau wird entweder durch ein weitere Ermordung besetzt werden oder wurde schon von einem früheren Geschehen ausgefüllt.

Was auch immer diese Systematik der Hinrichtungen und Ermordungen bedeuten mag, es ist ein weiteres Beispiel der sich selbst organisierenden und entstehenden Strukturen im Horoskop. Es zeigt ferner, wie Astrologen mit der Geschichte und mit Zyklen arbeiten, und zwar länder- und zeitübergreifend. Astrologen erkennen, dass die Figur als solche Kraft hat und Motivation gibt. Aber mit einem Verständnis für die Chaos-Theorie bedarf es nicht mehr länger der göttlichen Hand, die diese Strukturen erzeugt. Sie sind vielmehr der natürliche Ausdruck eines nichtlinearen dynamischen Systems. In dieser Hinsicht können Aspektfiguren in gewisser Weise als eine Art Attraktoren angesehen werden. Sie sind das Herz, das in einer Struktur schlägt und in sich – in unserem Beispiel über Hunderte von Jahren hinweg – die genauen Komponenten für seine Gestalt und Bedeutung »hineinzieht«.

Wir können also abermals eine Methode sehen, bei der ein Attraktor beim Gestalten, ja vielleicht sogar beim Erzeugen eines *Lock-In* der planetaren Symbolbedeutung dienlich sein kann, und zwar über Kulturen und die Zeit hinweg.

Weder Wissenschaft noch Religion –
Einblicke in das Wesen Astrologie

Die Astrologie hat sich im Laufe ihrer Geschichte als resistent gegen reduktionistische Ansätze erwiesen. Als Dane Rudhyar im Jahr 1967, noch vor die Chaos-Theorie bekannt wurde, davon sprach, dass das Horoskop ein komplexe Struktur ist, die Beziehungen widerspiegelt und die folglich nicht in ihre Teile aufgebrochen werden kann, stimmten die meisten Astrologen ihm zu. Auch die Chaos-Theorie und die Chaos-Psychologie würden beipflichten, denn egal ob die Astrologie stichhaltig begründbar ist oder nicht, in der Praxis strebt sie danach, Strukturen aufzuzeichnen, die Auskunft über die Qualität eines Lebens oder eines Objektes geben, welches sich in einer Umgebung mit hoher Wechselwirkung befindet. Solche Systeme sind inzwischen als nichtlinear bekannt, und da die Astrologie von der Menschheit im Dialog mit dem Himmel geschaffen wurde, ist es auch logisch, dass sie ein komplexes System ist, das für Reduktionismus unempfänglich ist. Folglich kann die Astrologie weder auf die experimentellen Methoden der linear-dynamischen Welt reagieren, da sie bei statistischen Methoden keine widerspruchsfreie Ergebnisse hergibt, noch kann sie in einem Labor oder in einer Forschungsanordnung repliziert werden. Selbstähnlichkeit ist nicht mit Vervielfältigung gleichzusetzen.

Aus der Sicht der Chaos-Forschung kann sie aber ebenso wenig einen Platz innerhalb der einen Schöpfergott voraussetzenden Religionen beanspruchen. Diese werden nach ihrem Selbstverständnis von einer äußeren göttlichen Hand gesteuert. Doch die spontane Entstehung von Strukturen und Ordnungen aus dem Nichts erfordert weder eine kosmische Ordnung, noch hat sie einen Platz dafür.

Die Astrologie ist ein einzigartiger Zwitter zwischen der linearen Welt und der Nichtlinearität, denn sie verwendet das vorhersagbare Newtonsche Räderwerk des Sonnensystems als ihre für Strukturen empfindsame Drehscheibe, um die aufstrebenden Strukturen des Lebens zu verstehen. Kein anderes Instrument[83] und keine andere Methode weitet sich derart und verbindet die beiden Parteien, denn die Wissenschaft steht fest auf der einen Seite und die Divination steht ebenso fest auf der anderen Seite.

Die Ausübung der Astrologie ist durch diese einmalige Position nicht abhängig von einer göttlichen Kraft. Ist aber eine solche gegenwärtig, dann legt sie eine Göttlichkeit nahe, die zugleich immanent, pluralistisch und omnipräsent ist. Im Gegensatz zu einem künstlichen Gott ist sie nicht transzendent, gestaltlos oder hierarchisch, denn sie überträgt keine speziellen Privilegien an Menschen, Lebenskräfte oder Objekte. Sie ist viel eher die »nicht alles wissende« als die »alles wissende« Gottheit der Divination. Sie ist erfüllt von überwältigender Intention, von dem Verlangen nach der Schaffung einer Ordnung. Diese Ordnung wird permanent mitgestaltet von dem überreichen Wechselspiel zwischen Leben, Biosphäre und dem Selbst.

Zusammenfassend kann man sagen, dass für einen Astrologen, der im Paradigma des Chaos denkt, Astrologie mehr, aber auch nicht weniger ist, als ein Hilfsmittel, geschaffen von der Menschheit und dem Himmel, um damit einer Person zu helfen, durch die sich offenbarenden Fraktale ihres Lebens zu navigieren.

Chaos – mathematische Befunde	Allgemein übliche Praxis bei Astrologen
Sensitive Abhängigkeit von den Anfangswerten (SDIC). Die Anfangsbedingungen geben die Entwicklungsmuster vor.	Der Geburtsmoment beeinflusst die Entwicklung der Lebensmuster eines Menschen. Das (Radix-)Horoskop.
Phasenporträts – das Bild der Attraktoren, Senken und der Flexibilität einer Struktur, welche man für die Vorhersage von Zeitpunkt und Qualität einer Veränderung in der Struktur verwenden kann.	Die Erstellung eines Horoskops, mit dem man die Entwicklungsmuster und die zeitliche Auslösung der Strukturen im Leben eines Menschen beobachten kann.
Seltsame Attraktoren – der bewegende Konzentrationspunkt, der unsichtbar die äußeren Strukturen oder Ereignisse zu beeinflussen scheint.	Kombinationen von Planeten und Tierkreiszeichen, welche den Charakter oder die Qualität all dessen definieren, was die Person auf sich und ihre Lebensgeschichte bezieht.
Hopf-Bifurkation – eine Veränderung in der Struktur, die zu einem neuen Muster oder entropischem Chaos führen kann – Tod.	Eine Zeit im Leben einer Person, die von einem prognostischen Katalysator angezeigt wird, durch den das Individuum ermutigt werden kann, den Weg einzuschlagen, der die meisten kreativen Optionen ergibt.
Häufungspunkte – die Stellen, an denen Gabelungen auftreten.	Sensitive Punkte im Horoskop. Nachdem diese auf irgendeine Weise einen prognostischen Katalysator empfangen haben, lösen sie Ereignisse einer bestimmten Qualität aus, die dann im Leben der Person eintreten.

Chaos – mathematische Befunde	Allgemein übliche Praxis bei Astrologen
Selbstähnlichkeit und Skaleninvarianz. Sich wiederholende Themen in Strukturen, die in nicht zusammenhängenden Systemen vorkommen – z.B. in Flusssystemen oder in den Bronchien der Lungen. Anwendung von Zyklen. Planetenzyklen werden mit kleineren Zyklen im Leben eines Individuums (bzw. eines Landes oder einer Organisation) verbunden.	Der Astrologe verwendet Zyklen, welche Planetenzyklen mit kleineren Zyklen im Leben eines Individuums (oder einer Organisation) verknüpfen.
Homöostase – die Möglichkeit, dass ein System Widerstand gegen die Veränderung leistet.	Die astrologische Methode, das Potential der vorausgesagter Ereignisse hinsichtlich eventuell darin enthaltener Hinweise auf Veränderung im Leben zu klassifizieren.
Lock-In: Eine Struktur leistet Widerstand gegen Veränderungen.	Die symbolische Bedeutung eines Planeten, die sich herausbildet und mit der Zeit eine Stufe der Beständigkeit erreicht.

Abb. 15: Einige der möglichen Verbindungslinien zwischen den Erkenntnissen der Chaos-Theorie und der Praxis der Astrologie. Diese Tabelle erhebt keinen Anspruch auf Vollständigkeit.

Leben in einem Fraktal

Dies ist alles ein Schachbrett von Tagen und Nächten
Auf dem das Schicksal mit menschlichen Figuren spielt;
Sie hin und her bewegt, matt setzt und schlägt,
Und eine nach der anderen in den Schrank zurücklegt.
Omar Khayyam – Rubaiyat, 49

Unsere persönlichen Lebenserfahrungen unterscheiden sich von dem, was uns durch das mechanistische, kausale Paradigma gelehrt wird. Die kausale Weltsicht setzt uns in Kenntnis, dass alles Leben bedeutungslos ist, dass das Leben, welches sich zufällig entwickelt hat, nicht mehr ist als ein Unfall der Biochemie. Indem wir den Nihilismus dieser seelenlosen Schöpfung akzeptieren, leben wir unser unbedeutendes Leben und werden eines Tages aufhören zu existieren. Jedes unbestimmte Gefühl für einen Sinn oder ein innerlich angestrebtes Ziel unseres Lebens oder des Lebens eines anderen Individuums ist eine Täuschung.

Wir wissen allerdings auch, dass die von uns erlebte innere Wirklichkeit anders ist, und dass viele von uns einen Sinn des Lebens empfinden. Dieser Unterschied zwischen der von uns wahrgenommenen Lebenserfahrung und dem, was uns über das Leben gelehrt wird, erzeugt eine Kluft, die viele von uns mit Spiritualität, Religion oder persönlichen Glaubensvorstellungen kitten wollen. Auch die Astrologie tritt in diese Gletscherspalte, indem sie besonderen Wert auf Strukturen legt und erklärt, dass wir einen Platz in dieser Welt, eine persönliche Beziehung mit dem Firmament und eine Heimat im Universum haben. Sie lässt uns folglich ein Zugehörigkeitsgefühl und eine Entschlusskraft zuteil werden, was gewiss zu der widerstandsfähigen Konstitution der Astrologie in unserer Kultur beiträgt.

Fraktale und Schicksal

Nachdem die Astrologen akzeptieren, dass der Mensch in seinem Dasein einen Lebenssinn empfindet, gehen sie davon aus, dass sie in der Lage sind, aus dem Geburtshoroskop Informationen über diese Lebensziele, diesen »Sinn« herauszulesen. Sie nehmen also an, dass etwas in diesem Horoskop »geschrieben« steht. Indem der Astrologe den sich stets verändernden, aber vorhersagbaren Himmel für den Augenblick einer Geburt aufzeichnet und dieses Bild dann benützt, um über die Lebensreise des Geborenen zu sprechen, akzeptiert der Astrologe das Vorhandensein von einer Art Schicksal oder Fügung. Dazu kommt, dass man durch die Anerkennung der Existenz des Schicksals immer auch das Verlangen nach der Gegenkraft des freien Willens hervorruft – all das, was nicht vom Schicksal diktiert wird.

Die Frage, was über ein Leben geschrieben wurde und was nicht, ist eine Kernfrage der Astrologie, denn man kann nur herauslesen, was für uns als Individuum bestimmt ist. Der freie Wille ist der Definition nach unerkennbar. Tatsächlich hat die Sichtweise, wie der Astrologe diese Balance zwischen freiem Willen und Schicksal sieht, einen starken Einfluss auf die Informationen, die seiner Meinung nach in dem Horoskop enthalten sind, und diese Sichtweise nimmt folglich einen ebenso großen Einfluss auf die Art von Astrologie, die der Astrologe betreibt.

Die Menschheit hat die Frage von Schicksal und freiem Willen lange diskutiert. Viele weise Menschen haben in den vergangenen 2500 Jahren tiefschürfende Gedanken dazu beigetragen. Faktisch hat allein schon die Gewichtigkeit und die scharfsinnige philosophische Argumentation rund um die Frage von Schicksal und freien Willen fast schon eine Blockade für die Debatte aufgebaut, die sich in Abstufungen auf andere Disziplinen übertrug. Aber dessen ungeachtet gibt es die zeitgenössische Stimme des Theoretischen Physikers Paul Davies. In seiner Besorgnis um die Erosion des freien Willens durch den Determinismus der Wissenschaften gibt er zunächst zu verstehen, dass wir tatsächlich einen freien Willen haben, und definiert diesen als unsere Seele. Er suggeriert, dass wir diesen freien Willen als eine Art »Volkspsychologie« erleben, die in uns allen »als ein Selbst, als ein bewusster Agent existiert, der sowohl die Welt beobachtet als auch Entscheidungen fällt.«[84] Folglich lokalisiert Davis unsre Seele innerhalb der abgesteckten Grenzen unseres freien Willens. Das Chaos-Denken würde jedoch darauf hinweisen, dass Davies' Idee von der Seele brüchig wäre, weniger weil er deren Existenz tatsächlich annimmt, sondern weil er die Seele als den freien Willen des Individuum definiert.

Fraktale persönlich nehmen

Seit Newton hat sich die Menschheit von der Welt abgesondert gehalten. Zwar wurde eine Wechselbeziehung zwischen allem Leben gesehen, man nahm aber gleichzeitig an, dass der Mensch ein auserlesenes Tier sei, gottähnlich und höherstehend. Doch es ist eine einfache und zugleich tiefgründige Tatsache, dass wir Teil der Biosphäre sind und in einer zyklischen Beziehung mit der Leere stehen. Diese spiegelt sich auf vielfältige Weise in unserem alltäglichen Leben wider, aber eine ihrer offensichtlichsten Ausdrucksformen ist das Bedürfnis nach Schlaf. Die kausale Welt hält das Erfordernis nach Schlaf für mysteriös, aber man kann es als das nächtliche Verlangen nach einer Rückkehr in die Leere verstehen, um sich wieder aufzuladen. Es ist ein Zustand, in dem die zu diesem Zustand gehörenden Träume entweder für die alte, von der Leere resorbierte Ordnung stehen oder für eine neue Ordnung, die aus der Leere aufsteigt.

Chaos-Theorie und Komplexität können uns über das Leben, seine strukturbildende, selbstähnliche und wiederholende Tendenz aufklären. Dadurch dass wir in einer Beziehung zur Leere stehen, leben wir innerhalb eines fraktal-ähnlichen Bereichs. Würden wir unser Leben als Grafik mit einem Bleistift aufzeichnen, dann würde uns das Chaos darüber informieren, dass dieser Bleistift kein zufälliges Gekritzel produziert, denn er würde in ganz bestimmte Richtungen gezogen werden. Er kann z.B. in die Vertiefungen auf der Oberfläche des Papiers gleiten, um die er dann eine Weile kreisen wird, gleichzeitig kann er jedoch bei der nächsten Runde unmerklich in neue Zonen übergehen, und sei es nur, um zu neuen Vertiefungen hingezogen zu werden. Erinnern wir uns, dass wir nicht alleine sind. Es sind also auch noch andere Bleistifte da, andere Entitäten – die nicht nur Menschen sein müssen und nicht unbedingt nur Lebewesen – die sich in unsere Strukturen einflechten und ihre Muster mit unseren zu einem komplexen Bild verschmelzen.

Die scheint eine merkwürdige Metapher zu sein, um das Leben eines Menschen zu beschreiben, oder nicht? Wenn ich vorgeschlagen hätte, dass der imaginäre Bleistift nur zufällige Punkte und Striche oder ein nichtssagendes Geschmiere gezeichnet hätte, als er unser Leben (nach dem Newtonschen Paradigma) aufgezeichnet hätte, wie hätten Sie sich gefühlt? Da wir schon ein Empfinden in uns tragen, dass unser Leben in einem Prozess der Erfüllung größerer Muster steht, würde es unsere innere Wirklichkeit kränken, dass es bloß ein Gekritzel sein soll. Das Chaos-Denken legt offen, dass die Art, wie sich Lebewesen mit der Zeit entwickeln, nicht zufällig vonstatten geht. Unser Bleistift des Lebens erzeugt Muster. Überdies werden die entstehenden Formen nicht zufällig ausgewählt. Da ein Muster von seinem seltsamen Attraktor bestimmt wird, ist es inhärent im System schon enthalten, denn die Pfade, die jedem lebenden System in Zeiten des Wandels offen stehen, sind nicht grenzenlos. Der Bleistift des Lebens verhält sich loyal, wenn er besondere persönliche Strukturen erzeugt, folglich sind die Wahlmöglichkeiten im Leben eingeschränkt und beeinflusst oder so gezeichnet, dass sie in die Begrenzung des persönlichen Musters fallen. Diese Grenzlinien können sehr weiträumig verlaufen und dadurch eine große persönliche Wahlmöglichkeit einräumen, aber es gibt sie auf ganz ähnliche Weise wie die

Einschränkungen, die der Astrologe aufgrund bestimmter Planetenkombinationen in einem Horoskop erkennt.

Dieser Punkt wird von den Chaos-Psychologen Middleton, Fireman und Di Bello[85] im Rahmen einer Abhandlung über menschliches Verhalten diskutiert. Sie vermuten, dass das exakte Verhalten einer Person zwar von Moment zu Moment nicht vorhersagbar ist, dass das Verhalten aber innerhalb der losen Grenzen eines seltsamen Attraktors verbleibt, der zu ihrem Leben gehört. Infolgedessen wird die Fähigkeit der Person, frei zu handeln, von den Grenzen ihrer sich entfaltenden Muster in jeder Hinsicht beschnitten. Jedes lebende System, also auch das Individuum, hat nur eine begrenzte Anzahl an Wahlmöglichkeiten, die von der Wesensart der seltsamen Attraktoren in ihrem Leben definiert werden.

Ganz ähnlich konzentrieren sich auch die philosophisch argumentierenden Biologen Maturana und Varela in ihrer mehr abstrakten Diskussion über die Vorhersage der an einer Bifurkation eintretenden Ereignisse auf die Balance zwischen der Natur dieser Strukturen und dem »freien Willen«, Entscheidungen zu treffen.

Wenn ein lebendes System einen Gabelungspunkt erreicht, dann wird seine Geschichte der strukturellen Paarung die neuen Pfade festlegen, die möglich sind. Aber welchen Pfad das System letztlich einschlagen wird, bleibt unvorhersagbar.[86]

Die Geschichte der strukturellen Paarung, auf die sich Maturana und Varela beziehen, ist die erforderliche Information, um den Zustand der seltsamen Attraktoren zu bestimmen, welche die Pfade festlegen. Sind diese seltsamen Attraktoren erst einmal gefunden, dann verweisen sie auf die Kategorie der Pfade, die den lebenden Systemen und – analog gesehen – auch dem menschlichen Leben angeboten werden.

Um aber diese Idee einer immanenten oder inhärenten Qualität in lebenden Systemen zu erweitern, müssen wir auf die Arbeit von Benoît Mandelbrot und die fraktale Geometrie zurückgreifen. Erinnern wir uns: Die Geometrie der Fraktale offenbart, wenn auch auf einfachere Art, die Verhaltensweise von komplexen Systemen, wenn diese sich mit der Zeit entfalten. Wir können die sich wiederholenden Muster eines Fraktals mit den Lebensthemen eines Individuums oder einer Gesellschaft in Zusammenhang bringen, die sich im Laufe der Zeit oder über verschiedene Stufen wiederholen. Diese Verknüpfung vermittelt uns einen Eindruck von dem »malenden Bleistift« unseres eigenen Lebens.

Fraktale zeigen eine eigene ihnen innewohnende Qualität, denn da ein Fraktal sich an jedem beliebigen Punkt entfalten kann, ist es unvorhersagbar; wird es jedoch als ein Ganzes gesehen, dann verbreitet es ein Schema oder eine Form. Da Fraktale geschlossene Systeme sind, können wir die Gestaltung der Muster schon durch ganz geringe Justierungen an der ursprünglichen Formel verändern. Folglich ist die Formel eines Fraktals mit einem Samen vergleichbar, der in sich das Potential für das endgültige Aussehen trägt.

Betrachten wir die fraktale Berglandschaft in Abbildung 16. Die Grundformel, nach der diese fraktale Landschaft gestaltet wurde, wird über viele Generationen hinweg ein »Bergbild« oder einen »Wolkenhimmel« erzeugen. Man kann nun aber nicht exakt vorhersagen, wie ein einzelner Berg anwachsen wird, was aber prognostiziert werden kann, ist die Tatsache, dass das Fraktal innerhalb einer bestimmten von der Grundformel vorgegebenen Qualität wachsen wird. Die Bergkette im linken Bild ist stärker zerklüftet und sieht völlig anders aus als die Formation auf dem rechten Bild, denn diese wurde mit einer anderen Formel erzeugt. Überdies spielt es keine Rolle, wie oft wir diese Formel für das Gebirge im linken Bild einsetzen, wir werden fortwährend zackige Berge erhalten.

Wird die Formel wiederholt, d.h. durch die Zeit bewegt, dann wird sie den springenden Punkt (Häufungspunkt) erreichen, an dem sie begrenzte Entscheidungsmöglichkeiten (eine Bifurkation) für den einzuschlagenden Pfad hat, was demgemäß die

Abb. 16: Zwei fraktale Landschaften, die so entstanden sind, dass
man jeweils die Formel genommen und deren Ergebnisse durch die
Iteration wieder in die Formel eingebracht hat. Für jedes Bild wurde
jeweils eine Formel für die Berge und eine zweite für die Wolken verwendet, so dass jedem Bild zwei Formeln zugrunde liegen.[87]

Variationen in diesem Typus Berg ergibt. Der Zeitpunkt, wann
die Auswahl der Gleichung präsentiert wird, ebenso welche Alternativen der Gleichung zur Verfügung stehen werden, ist an
sich schon in der ursprünglichen Formel enthalten. Die Gleichung hat demzufolge ein Potential, das reichhaltig und ab-
wechslungsreich ist, wie man an den beiden Landschaften sehen
kann. Dennoch wird sie nach wie vor eng von den Parametern
definiert, welche die Grundformel setzt. Die Grundformel enthält oder bewirkt das »Schicksal« der beiden unterschiedlichen
Bergketten in diesen Fraktalen. Deren Schicksal ist es, für eine
ganz bestimmte Art von Bergkette zu stehen. Das endgültige
Aussehen eines jeden der Berge oder Täler wird von den »frei-
willigen« Entscheidungen an den Häufungspunkten definiert.

Der Astrologie ist die Voraussetzung einer inhärenten Qualität mitsamt den daraus resultierenden begrenzten Wahlmöglichkeiten, die dem System auferlegt werden, vertraut. Im
Allgemeinen nehmen Astrologen an, dass ein Ereignis nicht
exakt vorhersagbar ist, dass sich das erwartete Ereignis aber
innerhalb eines bestimmten, abgesteckten Rahmens verwirkli-
chen wird.[88] Folglich konzentriert sich die Prognose tendenziell
auf die zeitliche Abstimmung und die Qualität des Augenblicks.

141

Die dem Klienten offenstehenden Entscheidungsmöglichkeiten werden durch die Grenzen der angezeigten Konfigurationen von Planeten und Tierkreiszeichen definiert.

Wir wissen allerdings auch, dass das Leben eben nicht nur ein einfaches Fraktal ist, in dem eine Iteration der nächsten ohne unerwartete Ereignisse folgt. Wir sind uns vielmehr bewusst, dass das Leben einen starken Drang nach Homöostase kennt. Dementsprechend leben die meisten ihr Leben teils als fraktales, teils als komplexes System, eine Kreuzung aus Berechenbarkeit, deterministischen Mustern und nicht vorhersagbaren, neu entstehenden Strukturen. Wenn unser Leben seinen normalen täglichen oder jährlichen Lauf nimmt, befinden wir uns in unserem eigenen fraktal-artigen Raum, in dem wir die gleichen Muster entfalten, die gleiche Art von Ereignissen erwarten und in dem eine gewisse Vorhersagbarkeit unseres Lebens enthalten ist. Unser natürliches Verlangen nach Homöostase bewegt uns kontinuierlich in so einen fraktal-ähnlichen Raum hinein.

Von Zeit zu Zeit gelangen wir jedoch an einen Tipping Point (der in der Komplexitätsforschung gebräuchliche Begriff für Umschwung) oder eine Hopf-Bifurkation (der Begriff für Umschwung in der Chaos-Theorie). Dies kann ein kleines oder größeres Ereignis sein, welches eine Wende unseres gesamten Lebens zur Folge hat und neue Strukturen und Lebensweisen hervorruft. Schnellstens versuchen wir dann allerdings, wieder zur Homöostase zurück zu kehren, und das neue Muster bringt ein Lock-In zustande. Dieses wird dann zu dem neuen Lebensthema bis zum nächsten Tipping-Point. Ein gutes Beispiel für eine Homöostase erleben Sie, wenn Sie nach Hause kommen: Das erste, was die meisten Menschen tun, ist, ein Zimmer aufzuräumen, um wieder in die normale Routine zu kommen. Nach einem Schockerlebnis versuchen die meisten Menschen als erstes wieder eine gewisse »Normalität« in ihr Leben eintreten zu lassen.

Auch der Gedanke der Chaos-Theorie, dass es nur ganz bestimmte Phasen gibt, in denen das Leben für Veränderung offen ist, ist den Astrologen vertraut. Indikatoren wie eine progressive Sonne, die gerade das Zeichen wechselt, wären eine Markierung für so eine Periode, in der das Ereignis subtil und minimal sein, jedoch zugleich die größten Auswirkungen herbeiführen könnte. Indikatoren wie ein wichtiger Transit könnten eine Bifurkation oder ein Tipping Point sein, an dem das Ereignis größer und bedeutender ausfallen und ebenfalls zu einer einschneidenden Veränderung des Lebensstils führen könnte, der eine neue Ordnung heraufbeschwört. Diese Gedanken finden sich in den Werken vieler Astrologen und werden in den Worten von Dane Rudhyar, in denen er seinen Zugang zur Prognose darlegt, gut zusammengefasst:

Ereignisse können nicht genau vorausgesagt werden, doch die Bedingungen, die ein Individuum braucht, wenn es zu seiner vollen Größe als Individuum heranwachsen will, lassen sich prädiagnostizieren. Der Astrologe kann aus den Progressionen die wichtigsten Wendepunkte im Leben eines Menschen ablesen.[89]

In der Chaos-Theorie ist es der seltsame Attraktor, der die Qualität gestaltet und der die Begrenzung für die zur Wahl stehenden Optionen festsetzt. In der Astrologie sind dies die Planetenkombinationen. Es ist also durchaus einsichtig, dass die Chaos-Theorie zur Erläuterung der philosophischen Begriffe *Schicksal* und *freier Wille* beitragen kann, indem man ihre Entdeckung der in den Lebensmustern enthaltenen immanenten Qualität und der begrenzten Wahlmöglichkeiten heranzieht, die folglich auch Bestandteil des menschlichen Lebens sind. Aber wann immer wir die immanenten Eigenschaften der Strukturen untersuchen, sei es in Mandelbrots Geometrie oder in der Chaos-Psychologie, wir werden immer wieder mit den seltsamen Attraktoren konfrontiert.

Leben mit seltsamen Attraktoren

Der seltsame Attraktor ist zentral für die Idee, dass am »Rande des Chaos« spontan neue Muster entstehen. Und obwohl ihre Ausprägung noch nicht vollkommen verstanden wird, bestimmen sie über die Art der Strukturen. Das Leben eines Menschen mag sich zunächst ohne Ordnung und ohne Vernunft für entstehende Ereignisse zeigen. Weder ein außenstehender Beobachter noch das Individuum selbst dürfte tatsächlich bewusst von der Existenz dieses seltsamen Attraktors wissen; wenn jedoch die Zeit vergeht und wenn man die Ereignisse aus einer bestimmten Perspektive beobachtet, dann wird man eine Ordnung erkennen können. Tatsächlich wird dies auf eine stark vereinfachende Weise bei allen Mystery-Romanen und -Filmen eingesetzt: Am Anfang herrscht die große Verwirrung, es gibt keine Ordnung. Dann erhalten wir eine Reihe von Hinweisen und es zeichnet sich eventuell ein gewisses Muster ab. Wenn wir persönlich solche Offenbarungen in unserem Leben erfahren – z.B. ein alltägliches Ereignis, wie dass wir den Bus verpassen, was wiederum die Weichen für einen neuen Pfad stellt, dessen Sinn sich uns erst viele Jahre später erschließt –, dann denken wir, dass solch ein Ereignis nicht dem Zufall entsprungen ist, sondern von einer unsichtbaren Hand gelenkt wurde. Wenn wir solche Begebenheiten erleben, dann lässt unsere geistige Anfälligkeit für die Lehren der Linearität uns dazu neigen, metaphysische oder göttliche Erklärungen dafür zu suchen und zu finden.

Der Jung'sche Psychologe James Hillman[90] verwendet derartige Erfahrungen als Beweis für den Begriff der menschlichen Seele. Er weist darauf hin, dass unsere Seele wie ein externes Wesen ist, das unser Schicksal kennt und uns an diesen Platz führt. Man kann es auch den persönlichen *daimon* oder das Dharma des persönlichen Lebens nennen, oder einfach den Willen Gottes oder der Götter. Die Chaos-Theorie dagegen würde es entweder als die Grundgleichung eines Fraktals bezeichnen oder als den seltsamen Attraktor in einem komplexen lebenden System, den wir sogar als äußere Kraft erleben, obwohl er sich im System selbst befindet. Denn wenn wir uns um seine Attraktionssenke bewegen, scheint es ganz so zu sein, wie James Hillman beschreibt: Eine äußere Kraft, die unser Leben an einen für uns unsicheren Punkt lenkt, welcher aber eindeutig wird, sobald wir ihn erreicht haben. Eine Zugkraft zu einem definierten Muster, das nur bekannt und verstanden wird, wenn es komplett ist.

Tatsächlich führt uns unsere persönliche Erfahrung mit der Tätigkeit des seltsamen Attraktors in unserem Leben zu einem gewissen Gefühl für die Existenz der eigenen Seele, zu einem Gefühl für die persönliche Reise. Die Seele scheint den Pfad zu wissen, der unserem Leben einen Sinn gibt. Davies sagt, dass die menschliche Seele in unserem freien Willen liegt. Hillman schlägt vor, dass die menschliche Seele außerhalb von uns ist und uns durch das Leben führt. Das Chaos gibt zu erkennen, dass die menschliche Seele unser persönlicher Weg ist, um unsere Erfahrung der immanenten Struktur, in der wir leben, zum Ausdruck zu bringen.

Zufälliges Glück, Synchronizität und seltsame Attraktoren

Allerdings sind nicht alle aufgedeckten Muster im Leben eines Menschen mit in die große Geschichte dieser Person verwickelt. Wenn wir durch das Leben gehen, erleben wir andere seltsame Attraktoren und neu entstehende Strukturen, die wachsen und für uns bedeutsam werden können, während andere dagegen wieder verblassen. Die Erkenntnisse der Chaos-Theorie und der Komplexitätsforschung schlagen vor, dass wir die Entstehung neuer Motive umso eher sehen werden, je intensiver wir mit unserer Umgebung verbunden sind. Diese neuen Strukturen werden von seltsamen Attraktoren hervorgerufen. Haben diese neuen Strukturen keine große Bedeutung für unser Leben, dann bezeichnen wir diese als »zufälliges Glück«. Falls sie einen Bezug zu einem inneren Bild, einem Traum oder einer Fantasie haben, dann bezeichnen wir dies vielleicht als »Synchronizität«: Ungeachtet dessen, ob diese Muster von einer tiefen Symbolkraft für uns sind oder ob es einfach eigenartige Gebilde sind: Sobald sie in unser Leben treten, erfüllen sie uns mit Ehrfurcht und dem Gefühl, vor einem Rätsel zu stehen.

Im Oktober 2004 erhielt ich eine E-Mail von einer meiner Schülerinnen, in der sie mir ihre Erfahrungen mit einem seltsamen Attraktor beschreibt samt ihren Fragen dazu:

Ich hatte den letzten meiner fünf Übergänge von Pluto über meinen Saturn im 12. Haus am 4. Oktober. Was für eine Woche das war! Das Wochenende davor hatte ich einige Familienangehörige getroffen, die ich seit dem Tod meines Skorpion-Onkels vor 25 Jahren nicht mehr gesehen hatte ... Am 4. des Monats hörte ich von dem Tod des Sohnes meiner Freundin Karen (auch Skorpion-Sonne) und verbrachte danach viel Zeit mit ihr. Erst heute sprach ich mit einem anderen Freund, der Krebs im Endstadium hat (was er schon seit einem Jahr weiß) und er ist auch ein Skorpion. Abgesehen von seiner Krankheit verbringt er die meiste Zeit in einem Hospiz, um auf seinen Sohn May aufzupassen, bei dem man vor wenigen Wochen einen Gehirntumor festgestellt hat. Meine Freundin Karen und die Mutter von Max (auch Skorpion-Sonne) wurde am 25. Oktober geboren. Der Vater von Max, der an Krebs sterben wird, wurde am 28. Oktober geboren (auch Skorpion).

Es scheint einige schreckliche Muster in all den Schmerzen dieser Menschen, die ich liebe, zu geben. Wir sind im Nachteil gegenüber der Zufälligkeit, aber ich verstehe es nicht – ich nehme an, Sie auch nicht – Ich dachte, Sie könnten wegen der Astrologie daran interessiert sein.

Aber in jedem Fall bleibt das Leben ein großes Mysterium; alles scheint auf die Notwendigkeit hinzudeuten, es in Ehren zu halten.[91]

Diese Schülerin wurde in das Tief einer ganzen Reihe von seltsamen »Zahlen«-Attraktoren getrieben, welche um sich Beispiele für die Zahlen »2« und »5« versammelten und diese mit emotional schmerzlichen Situationen kombiniert haben. Des Endresultat war, dass sie die Empfindung hatte, einen göttlichen Plan oder etwas Zweckvolles zu erleben, das ein »Eigenleben« führte und jenseits ihrer weltlichen Vorstellung existierte.

Sie ist mit dem linearen Glauben aufgewachsen, dass alle möglichen Schlussfolgerungen die gleiche Chance haben, überhaupt einzutreten, sie kam aber zu der Erkenntnis, dass dieses Schema sich seltsamerweise nicht zufällig bilden konnte. Aber das Muster war da und gemäß der Logik der statistischen, linearen Welt war es unwahrscheinlich, dass dieses Vorhandensein von etwas Mysteriösen ausging.

Hier eine andere Geschichte von einem seltsamen Attraktor, die der Mathematiker Warren Weaver weitererzählt hat.

Der Kirchenchor von Beatrice, Nebraska, bestehend aus 15 Mitgliedern, sollte um 19:30 mit der Probe beginnen und von den Chormitgliedern wurde erwartet, dass sie zehn Minuten vorher erschienen, um sich einzustimmen. Aber am 1. März 1950 kamen alle 15 Mitglieder aus ganz unterschiedlichen Gründen zu spät. Ein Mädchen beendete noch ihre Geometrie-Hausaufgaben, zwei andere wollten den Schluss einer aufregenden Sendung nicht verpassen, die Frau hielt den Pfarrer und ihre Tochter auf, weil sie noch deren Kleid bügeln musste, ein Sänger musste aus seinem Mittagschläfchen aufgeweckt werden. So ging es weiter, und jeder hatte eine nachvollziehbare Entschuldigung. Es gab im wesentlichen zehn verschiedene Entschuldigungen. Aber Gott sei Dank, denn um 19:25 Uhr, also zu dem Zeitpunkt, als die Chormitglieder mit der Probe hätten beginnen sollen, explodierte das Gebäude und wurde vollkommen zerstört.[92]

Weaver berechnete, dass die Wahrscheinlichkeit, dass alle Chormitglieder an diesem Abend zu spät kämen, bei 1:1.000.000 lag. Dies mag der Fall sein, ich frage mich allerdings, wie hoch die mathematische Wahrscheinlichkeit gewesen wäre, wenn er einkalkuliert hätte, dass die Kirche explodieren wird. Ich bin mir sicher, dass die Wahrscheinlichkeit dann noch geringer gewesen wäre. Befassen wir uns mit dieser Geschichte aber nicht aus der linearen Sicht der Statistik und der Wahrscheinlichkeit (wo es unendlich viele Optionen gibt, die alle eine gleiche Chance haben), sondern mit dem nichtlinearen Ansatz des Chaos, dann haben alle diese 15 Personen, die durch den Chor miteinander in einer gegenseitigen Beziehung stehen, mit einem sich anbahnenden kollektiven Muster des Kirchengebäudes zu tun. Der Chor und die Kirche sind über ein Muster miteinander verkoppelt, welches sich durch das Singen um die religiösen Feiern einer Religion konzentriert. Aber dieses Muster hat ganz eindeutig eine Bifurkation erreicht und die dem Chor und dem Kirchengebäude nun offen stehende Auswahl bietet zwei endliche Wahlmöglichkeiten: Die Kirche hat die Wahl entweder zu explodieren oder nicht, während der Chor als *eine* Gruppe getötet werden kann oder nicht.

Diese Geschichte erzählt uns aber noch mehr. Für diese 15 Personen muss es noch eine andere soziale Kontaktform gegeben haben als nur ihre Rolle als Chormitglieder. Dieses andere gemeinsame Muster enthielt ganz eindeutig kein Signal für den Tod auch nur eines Chormitgliedes und somit lautete die Option, entweder sterben alle oder keiner. Deswegen mussten alle an diesem Tag zu spät kommen, um der Explosion zu entgehen. Es mag Ihnen seltsam vorkommen, diese Geschichte so zu betrachten, aber die Chaos-Theorie eröffnet uns die Möglichkeit dieser Art des nichtlinearen Denkens: Ohne Rücksicht darauf, ob dieses Ereignis in der linearen Welt, die dies als einen Zufallstreffer bezeichnen würde, oder in der nicht-linearen Welt stattfand, die Erfahrung ist für alle 15 Personen ehrfurchtgebietend und mysteriös zugleich und kommt einer Begegnung mit der Hand Gottes gleich.

Bemerkenswert ist allerdings, dass in der nicht-linearen Bewertung dieser Geschichte dem Kirchengebäude derselbe Stel lenwert beigemessen wird wie den einzelnen Chormitgliedern. Dies ist ein Beispiel für die nicht anthropozentrische Veranlagung der chaotischen Welt.

North Parade Passage Nr. 4, Bath, England

Hier eine andere Geschichte, die von einer jungen Französin handelt, die 1680 als Flüchtling in England ankam. Sie war eine Brotverkäuferin und man nimmt an, dass ihr Name Sally Lunn war[93]. Allerdings könnte dies auch der Name ihrer speziellen Kekse gewesen sein, die sie „soleil et lune" (Sonne und Mond) nannte. Um dem Schrecken der Hugenottenverfolgung zu entkommen, beschloss sie, sich in der englischen Stadt Bath niederzulassen. Ihren Lebensunterhalt verdiente sie mit Backwaren. Ihre speziellen süßen Brötchen wurden ein sehr großer Erfolg und brachten viele Nachahmer auf den Plan. Aber ihr Geschick in der Herstellung eines weichen und delikaten Teigs ließ die Kunden hauptsächlich nach den Sally-Lunn-Brötchen fragen. Man erzählt, dass Sally sich irgendwann in der North Parade Passage Nr. 4 niedergelassen hat, das heute als eines der ältesten Gebäude in Bath gilt. Sie nahm das Rezept mit und richtete sich in diesem Haus ihre Bäckerei ein, und so ist es über 300 Jahre lang geblieben. Auch heute noch kann man in ihrem Haus die berühmten Brötchen essen. Das geheime Rezept ist mit dem Namen des Hauses verknüpft, denn wer das Haus besitzt, bekommt dieses ebenfalls. Das Gebäude und die berühmten Brötchen von Sally Lunn verbindet ein gemeinsames Motiv.

Hier könnte die Geschichte zuende sein, wenn es nicht noch eine weitere interessante Verflechtung gäbe. Archäologen haben vor kurzem entdeckt, dass das Gebäude auf den Mauerresten einer Bäckerei erbaut wurde, die im 12. Jahrhundert von den Mönchen der Abtei von Bath benützt wurde. Noch überraschender war aber, dass die Mönche ihr Gebäude wiederum auf einer römischen Bäckerei aus der Zeit zwischen 100 – 500 n.

Chr. erbaut haben. Nahezu 2000 Jahre lang war dieses Fleck-chen Erde an der Straße zu den heißen Quellen eine Bäckerei gewesen oder trug den Wunsch in sich, eine Bäckerei zu wer-den. Hier ist ein Ort, der ein Muster aus Mehl und Hefe webt.

Welche Geschichte und welches Muster ist hier dominant? Ist es die Geschichte von Sally Lunn, die dem *Blutbad unter den Hugenotten* entflieht, glücklich auf ein Schiff gelangt, eine Überfahrt erhält und sich schließlich in Bath wiederfindet, und zwar an dem Ort eines seltsamen Attraktors, der Brot als seine Signatur hat – heute bekannt als North Parade Passage Nr. 4. In dieser Geschichte hat sowohl der Ort als auch Sally Lynn eine Wirksamkeit und beide haben ihre eigenen immanenten Struk-turen. Aber hier sehen wir, wie diese Muster des Ortes und der Person sich zum Erfolg kombinieren: Der Ort möchte seinen »Wunsch«, eine Bäckerei zu sein, erfüllen, und der Bäcker er-füllt seinen »Wunsch«, Brot zu backen. Sobald sich beide Mus-ter vermischen, ist eine florierende Konditorei das Ergebnis.

Ein Ort, eine Person, eine Idee, ein Gemälde, ein Tier, ein Musikstück, eine Geschichte usw. – all dies kann als seltsamer Attraktor wirken. Es gibt in chaotischen Systemen keine Hier-archie, und Menschen sind dabei nur eine Einheit im Netz des Lebens, sie stehen weder im Mittelpunkt, noch sonst an einer außergewöhnlichen Position.

Hätten wir Sally Lunn in hohem Alter gefragt, wie sie auf die Idee gekommen sei, sich in Bath niederzulassen, hätte sie ver-mutlich geantwortet, dass sie sich zu dem Ort hingezogen fühl-te, denn dies ist ein sehr menschliches Gefühl, das die meisten von uns irgendwann erleben und auf das wir zu verschiedenen Zeiten in unserem Leben reagieren. Aber tatsächlich wurde dieses Gefühl, von einem unbekannten Muster angezogen zu werden, welches erst einen Sinn ergibt, nachdem wir alle Dinge richtig gemacht haben, erstmals schon von Aristoteles im 4. Jh. v. Chr. definiert.

Teleologie – ein seltsamer Attraktor in Funktion

Aristoteles stellte eine Theorie zum Verständnis der Welt auf. Er verwarf die Lehren von Heraklit (ca. 535 – 475 v. Chr.), dessen Philosophie einige frühe Gedanken der Chaos-Theorie enthielt, denn er sieht mitten in allem Werden eine Ordnung und Fügung. Dagegen ist Aristoteles der Ansicht, dass es vier fundamentale Ursachen gibt, die etwas zum Entstehen bringen. Die ersten drei dieser Prinzipien haben mit dem physischen Material eines Objekts, seiner Erscheinungsform und seinem Gestalter zu tun: Ein Holztisch ist entstanden aus dem Nutzholz (dem physischen Material), das von einem Zimmermann (dem Gestalter) zu einem Tisch gesägt wurde (seine Gestalt). In diesen ersten drei Ursachen beschrieb Aristoteles die lineare Welt der Objekt, er fügte aber noch eine vierte Ursache hinzu, die *causa finalis*, also den Zweck, um dessentwillen ein Ding hervorgebracht wird; also zum Beispiel der Wunsch des Holzes, ein Tisch zu werden oder der Wunsch der Tonerde, eine Schüssel zu werden. Dieses Verlangen der Materie, seine finale Form zu suchen heißt *télos* (vgl. Kapitel 2). Dahinter steht die Idee, dass Gegenstände, Ereignisse und Handlungen ihre eigene Ordnung suchen[94], so dass sich die aus der chaotischen Leere aufsteigenden Muster nicht zufällig entfalten, sondern mit einer Ordnung und mit einem Zweck. Es scheint tatsächlich so, dass Aristoteles sich sowohl auf die lineare als auch auf die nichtlineare Welt bezogen hat, denn seine ersten drei Ursachen fokussierten sich darauf, etwas auf kausale Weise in Gang zu bringen, während seine Zweckursache eine Ordnung andeutet, die das System zu dem gewünschten Ziel hinzieht. Die Tonerde will eine Schüssel werden, und deswegen wird die Vorstellung einer »Schüssel« das aktive Element und lässt Ton und Töpfer an einem Strang ziehen, um das Endresultat zu vollbringen. Mit der Idee des *télos* könnte man zum Beispiel behaupten, dass die Bäckerei in Bath an einem Standort war, der wünschte, dass an diesem Platz gebacken wurde. So zog das Grundstück nicht nur die römischen Bäcker im 1. Jahrhundert an, sondern später auch die christlichen Mönche und schließlich Sally Lynn. *Télos* ist eine Ordnung, die aus dem System heraus geschaffen wird.

Mit der Zeit wurden dem *télos* viele verschiedene Definitionen zuteil, und obwohl die Idee in der linearen Weltsicht verworfen wurde, weigerte sie sich in die Vergessenheit der Geschichte abzugleiten. So gibt es neben dem philosophischen *télos* (nach Aristoteles) und dem dualisitischen *télos* (auch bekannt als theologischer *télos,* der zur Unterstützung des Glaubens an den Schöpfergott diente) auch den teleologischen Prozess (die Idee, dass die Schöpfung bzw. die Evolution nicht von einer äußeren Gottheit geführt wird, sondern von einem in dem Geschöpf oder Objekt inhärenten Entfaltungswunsch, nach dem es sich entwickelt[95]), oder kosmische Teleologie (was einer Rückkehr auf die Vorstellung von Aristoteles gleichkommt, dass alle Dinge zu dem Zweck ihrer Vollendung hingezogen werden[96]) und in jüngster Zeit sogar einen ethischen *télos* (der in Großbritannien aufkam, um Schweine vor der Genmanipulation zu schützen, mit der Begründung, dass auch Tiere das Recht haben, sich auf ihre »Wesensnatur« hin zu entwickeln[97]) Ungeachtet seiner vielen Definitionen ist *télos* die Vorstellung, dass wir zu einem bereits vordefinierten Endziel hingezogen werden, was auch mit dem Eintreten eines seltsamen Attraktors in die Attraktionssenke eines Systems beschreiben werden könnte. So gesehen kann das Prinzip des *télos* sehr wohl das empirische Verständnis der Lebenserfahrung in einer vielschichtigen Welt nach Aristoteles und die Begegnung mit seltsamen Attraktoren angesehen werden.

Wenn *télos* generell das Prinzip darstellt, durch ein strukturbildendes Leben gezogen zu werden, dann können wir sagen, dass unsere Seele die persönliche Erfahrung ist, von *télos* in eine bedeutungsvolle Existenz geführt zu werden. Dies anerkennt den Begriff »Seele« als unser persönliches Verständnis unserer Rolle innerhalb der Strukturen, als unseren Beitrag zu dem Lebensschema, was im Gegenzug dann die Familienstrukturen hinzufügt, wodurch dann wiederum die gesellschaftlichen Strukturen ergänzt werden – und dies nicht nur in unserer Zeit, sondern über Tausende von Generationen. In diesem Modell ist unser Schicksal auch das Muster selbst, und es ist unser Los, in eine bestimmte Landschaft von seltsamen Atraktoren hineingeboren zu werden.

Aber wie die Geschichte von Sally Lynn oder der Kirche von Beatrice (Nebraska) aufzeigt, sind wir nicht immer der Mittelpunkt unserer eigenen Geschichten, oder wenn wir es sind, dann vermischt sich unsere Geschichte mit anderen. So wie ein Platz Wirkung und Einfluss haben kann, trifft dies auch auf die Kultur zu. Tatsächlich enthalten Kulturen äußerst starke seltsame Attraktoren, die eine Nation zu Krieg und Aufständen oder ein Volk zu Patriotismus und Ergebenheit treiben können. Diese kollektiven Kulturmuster lassen sich in der Musik (Klangmuster) wiederfinden, aber auch in den Mythen und Legenden (Wortmuster).

Mythen und Muster

Mythen sind besondere Geschichten, die in unserer Gesellschaft ein »Lock-In« erlangt haben. Vermutlich nahmen sie ihren Anfang als Geschichten, die sich auf ein über Generationen immer wiederkehrendes Thema konzentrierten. Manche dieser Schilderungen berichteten von Naturereignissen, aber sehr viele handelten von menschlichen Verhaltensweisen, Einstellungen und Eigenschaften. Diese Geschichten kann man als mündliche Fraktale auffassen, denn sie reproduzieren sich mit der Zeit nach einer Art Selbstähnlichkeit. Solch eine sich reproduzierende Erzählung kann sich auch über mehrere Kulturen und durch mehrere geschichtliche Perioden verbreiten – solange bis sie allmählich ein Lock-In erlangt und als Mythologie etikettiert wird.

Mythen sind für die kausale-lineare Welt eine ungeklärte Kuriosität, was Robert Segal mit folgenden Worten zum Ausdruck bringt:

Jeder Wissenschaftszweig birgt vielfältige Theorien des Mythos in sich. Streng genommen umfassen Theorien über den Mythos einen sehr viel größeren Bereich, und der Mythos ist lediglich eine Teilmenge. Anthropologische Theorien über den Mythos sind z.b. eigentlich Kulturtheorien, die auf den Fall eines Mythos angewandt werden. Psychologische Theorien des Mythos sind Theorien über den Geist. Soziologische Mythos-Theorien sind Gesellschaftstheorien. Es gibt keine Theorie für den Mythos als solchen ... Es gibt keine Untersuchung des Mythos als Mythos.[98]

Segal definiert den Mythos als eine sinnhaltige Geschichte, welche das Leben der Götter schildert. In der nichtlinearen Welt des Chaos ist der Mythos dagegen der verbale Ausdruck eines sich wieder ereignenden Musters. Beschränkt sich eine Geschichte auf eine kleine Gemeinschaft, dann reden wir von Märchen oder Volkssagen. Handelt es sich um einen Bericht mit einer Lektion oder einer Moral, dann bezeichnen wir dies als eine Fabel oder eine Parabel. Scheint die Schilderung der Handlungen und Themen jedoch eine symbolische Bedeutung für viele Menschen zu haben, dann sprechen wir von einem Mythos. Mythen können eine Fülle an Ratschlägen und Warnungen darüber enthalten, welche Wege wir einschlagen sollten, wenn wir bestimmten kulturellen Gabelungspunkten begegnen. Oder sie sind die »Blaupause« von verschiedenen menschlichen Profilen, unsterblich außerhalb des genetischen Codes aufbewahrt. Der entscheidende Punkt ist, dass die von Mythen weiter getragene Information nach dem Prinzip der Fraktale aufrechterhalten werden.[99] Indem wir diese Geschichten immer und immer wieder erzählen und diese zwischen vielen Generationen hin und her pendeln, verändert sich die Handlung und taucht in anderen Berichten auf. Mit der Zeit formt sich die Handlung um, um dann wieder Ähnlichkeit zu haben mit der ursprünglichen

Erzählstruktur[100]. Die irische Legende von Rhiannon und der goldenen Tasse wird zur Sage von König Arthur und der Suche nach dem heiligen Gral und schließlich zur Story von Luke Sky Walker in *Star Wars* und so weiter …

In der Welt des Chaos sind unserer Mythen vergleichbar mit Lebewesen, die mit derselben »Kraft« und denselben teleologischen Wünschen auf der Suche nach ihrer perfekten Erscheinungsform sind. Vorausgesetzt Mythen sind unsterblich und ihr Wesen destilliert sich allmählich heraus, dann kann das Chaos-Denken sie aus der abschätzigen Kategorie entheben, in welche die lineare Weltsicht sie zusammen mit Aberglauben, Geschichten einfältiger Hausfrauen und nichtssagenden Märchen steckt, um ihnen einen neuen Ort zu geben. Ihre neue Stellung schließt zugleich ein, dass Mythen verbale Blaupausen der menschlichen Lebensmuster sind. Sie helfen, diese Muster aufrecht zu erhalten, ebenso wie das Leben dazu beiträgt, die Mythen zu bewahren. Wir und unsere Mythen bringen uns gegenseitig hervor.

Eine Frage von Charisma und Fraktal

Wenn wir der Geometrie eines Fraktals folgen, uns tiefer und tiefer zoomen, immer um eine Generation weitergehen, dann wissen wir, dass das Bild des gesamten Fraktals unvermutet aus der Ordnung wieder auftauchen wird, und dass das sich entfaltende Muster gegenüber dem Original zwar leicht verändert, aber eindeutig wiederzuerkennen ist. Dringen wir z.B. immer tiefer in die die bekannte Mandelbrot-Menge ein, dann entdecken wir neue Buddha-ähnliche Bilder. Zoomen wir uns in eines dieser Bilder hinein und bewegen uns damit um eine unendliche Zahl von Generationen weiter, dann werden wir regelmäßig auf neue, leicht veränderte Mandelbrot-Mengen stoßen (siehe Abb. 6 und Abb. 7). Dies trifft auf alle Fraktale zu, und es ist zu vermuten, dass dies auch für alle lebenden Systeme gilt.

Dieses Prinzip kann uns ein einzigartiges Verständnis der

großen charismatischen oder mythischen Figuren in der Geschichte vermitteln: Napoleon, Alexander der Große oder Jean-
ne d'Arc waren beispielsweise in der Lage, große Kräfte im
Kollektiv freizusetzen und die Geschichte in neue Bahnen zu
lenken, während Beethoven, Mozart oder van Gogh uns etwas
zu reflektieren scheinen, das wir alle tief im Inneren wiederer-
kennen. Starke Figuren, die durch ihre Ideen große Veränderungen in ein Land oder eine Kultur bringen, können uns gut
das Ausgangsbild eines kulturellen Fraktals spiegeln, und auf
diese Weise reagieren wir auf ihre Kunst, Musik oder Worte.
Solch eine Schlüsselfigur wird nicht nur in Erscheinung treten,
um Antworten bereit zu halten, sondern sie wird zum Rezeptor
für viele unterschiedliche Muster, die nach einer Ausdrucksform
suchen. Diese Verkörperung der Wiederholung von fraktalen
Hauptmustern (und wir wissen, dass dies in Fraktalen auftreten
muss) dürfte offensichtlich eine charismatische Persönlichkeit
hervorbringen, welche von den Jungianern als »archetypisch«
definiert werden würde. Die Neoplatonisten würden sie für
eine Widerspiegelung der Weltseele halten. Aber wir sind nicht
alle charismatische Persönlichkeiten, und so stellt sich die Frage, was mit den anderen Teilen des Fraktals geschieht?

Das Ganze in dem Einen, das Eine in dem Ganzen

Wenn wir einem fraktal-artigen Raum leben, dann muss unser
individuelles Leben auch die Samen oder das Wissen von dem
»Ganzen« in sich enthalten. Denn so wie die charismatische
Persönlichkeit vordergründig ein konzentriertes Bild von dem
Kern des komplexen Musters hervorkehrt, genauso verfügen
wir in unserem eigenen Lebensmuster über die Möglichkeiten
des Ganzen. Das ist die Eigenart eines Fraktals. Folglich spüren
wir instinktiv, dass wir Teil eines größeren Ganzen sind und
verfügen gleichzeitig über das Wissen, dass das Ganze auch in
uns enthalten ist. Zugleich beschränkt sich diese Ganzheit nicht

auf den Bereich des menschlichen Lebens, denn sie umfasst die ganze Biosphäre in ihrer Mannigfaltigkeit, wenn sie nicht sogar darüber hinaus reicht. Im Paradigma der Chaos-Theorie gibt es weder eine Konzeption für die Isoliertheit oder das Außen, noch gibt es einen Beobachter, eine abgesonderte Entität, und es besteht auch keine Unterscheidung zwischen »uns« und »ihnen« oder zwischen »uns« und »es«. Wenn Kornkreise ernst zu nehmen und authentisch sind, dann könnte es sich gemäß dieser Denkweise ein Feld handeln, das der Landschaft etwas vorsingt, ohne das menschliche Leben zu berücksichtigen. Sie könnten jedoch auch ein Attraktor für alle andere Lebensformen sein, welche von ihnen angezogen werden, indem diese instinktiv ein vertrautes Muster erkennen. Die Menschen, als nur eine dieser möglichen Lebensformen, können sich sogar aktiv in diesem Bereich der »zu sich selbst singenden Felder« engagieren, indem sie gefälschte Kornkreise auf anderen Äckern reproduzieren, was dann wiederum andere Felder lehrt, wie man Kornkreise macht. Ähnlich wie die Bienen zur Verbreitung der Pflanzen beitragen, verhelfen die Menschen den Kornkreisen dazu, sich auszubreiten. Bei diesem Beispiel gehen die Menschen in der Kultur oder dem Wunsch der Felder auf, Kreise durch das gegenseitige Verstehen der Muster zu bilden. Im Paradigma der Chaos-Theorie gibt es kein Außen, es existiert kein von der übrigen Biosphäre abgetrenntes menschliches Leben. Die Ganzheit ist vollkommen, und das ausführende Organ kann in jedem Teil des Systems existieren – eine Beschreibung, die wir nur sehr schwer vollständig verstehen können.

Wenn demnach die Leere die schöpferische Quelle ist und wir diesen Gedanken weiterführen, dann sind wir in eine fraktale Geschichte hineingeboren, und dieses Muster enthält unsere familiäre und kulturelle Dynamik, aber auch unser ganzes Leben. Unser Schicksal und unser Los ist es, in den permanenten Parametern dieses Musters zu leben. Unsere Seele ist die persönliche Erfahrung der in dem Fraktal waltenden teleologischen Kräfte, und unser freier Wille existiert in den Entscheidungen, die wir an den Häufungspunkten unseres Lebens fällen, Entscheidungen, die von einer größeren Kraft eingeschränkt werden, den seltsamen Attraktoren des Systems, zu dem wir gehören. Wir können an Gipfelpunkte kommen, an denen eine neue Ordnung oder ein neues Leben entsteht, doch auch dieses neue Leben würde sich in gewisser Weise wieder innerhalb der Qualität der uns eigenen Muster bewegen. Dennoch ist unser Empfinden von Einmaligkeit gerechtfertigt, denn es ist die Einmaligkeit, die mit jedem Teil eines Fraktals verknüpft ist: schön, wundersam und reich an Ordnung, aber immer geht dieses Muster so weiter bis in alle Ewigkeit, Generation um Generation, Iteration um Iteration.

Wir leben also demnach sowohl in unserem Teil des Fraktals, welches das Ganze enthält, als auch als Teil dieses Ganzen, welches fortdauert. Wir sind ein Angehöriger unserer eigenen Geschichte und spielen eine Rolle in vielen anderen Geschichten, die zum Teil nicht einmal menschlich sind.

Chaos-Astrologie in der Praxis

Wenn wir akzeptieren, dass die Astrologie einen Platz im Chaos hat, dann lohnt es sich zu erforschen, was die Astrologen gewinnen, wenn sie sich zu den Prinzipien von Chaos und Komplexität bekennen und diese aktiv in ihrer Tätigkeit fördern. Diese Ansatz ist unabhängig von der jeweiligen Form von Astrologie, die betrieben wird, denn er erfordert einen Wandel in der Haltung des Astrologen und nicht eine Veränderung der verwendeten Techniken. So wie die meisten Klienten neue Ideen und Chancen suchen, so lautet die erste Frage an den Chaos-Astrologen: Wo befindet sich der »Rand des Chaos«?

Den Rand des Chaos finden

Wir leben in einem System, das sich auf komplexe Weise verhält. Wie weiter oben schon beschrieben, ist dieser »Rand des Chaos« kein abstrakter Raum, der auf einem Labortisch geschaffen wurde, was bedeuten könnte, dass es sich um einen Ort des totalen Zusammenbruchs aller Ordnung handeln könnte. Nach der Komplexitätslehre ist der »Rand des Chaos« der Bereich, an dem es Muster gibt und an dem jede neue Ordnung entsteht[101]. Dies mag wie eine ganz einfache Behauptung klingen, aber das Wort »jede« deutet an, dass diese Behauptung sehr profund ist. Die Komplexitätstheorie hat herausgefunden, dass neue Ordnung ausschließlich in dem Wechsel von der statischen Phase zu einer vollkommen chaotischen Phase aufkommt. Deswegen ist es lebenswichtig, den »Rand des Chaos« zu finden und zu wissen, wie man sich an diesem höchst kreativen Ort hin und her bewegt. Wollen wir in der Umgebung tatsächlich neue Möglichkeiten und Ideen hervorrufen, dann müssen wir danach in unserem eigenen Leben oder in dem unserer Klienten suchen. Die Kenntnisse, wie man diesen Rand in Augenschein nimmt, gehören sicherlich zu den Grundfähigkeiten des Lebens. Aber wo in unserem Leben ist diese Stelle und wie sieht diese aus?

Wenn wir auf das Leben eines Menschen, eines Wirtschaftssystems oder sogar eines Staates blicken, dann wissen wir, dass ein Leben mit zuwenig Input oder Eingangsleistung in einen statischen Zustand fällt. Ein statisches Leben steuert auf das entropische Chaos zu, einen Zustand des langsamen Energieverlustes, und kommt zum Erliegen. Wir sehen dies, wenn ein Mensch sich auf den letzten Lebensabschnitt zu bewegt. Er hat sich vielleicht schon eine kleinere Wohnung zugelegt, und wenn er älter und gebrechlicher wird, zieht er vielleicht zu einem seiner Kinder oder in ein Altersheim. Gleichzeitig schüttelt er mehr und mehr Besitztümer ab. Mit der Zeit wird seine Bedeutung in der Welt geringer, und indem er seine Netzwerke verkleinert, reduziert er auch seine Möglichkeiten für ein spontanes Entstehen neuer Ordnungen. Dies ist ein Leben, das sich auf das entropische Chaos zu bewegt. Im Alter wird dies von dem Menschen akzeptiert und willkommen geheißen. Bei jüngeren Menschen erkennen wir darin dagegen einen gefährlichen Zustand, der zudem mit einem verfrühten Tod spielt. Hat ein Mensch im Kontrast dazu zu viele Beziehungen und zuviel Input, dann tritt eine Informationsflut ein, auf die diese Person permanent reagieren muss, wodurch diese Person in Stress gerät. Dies ist der Weg zu einem Zusammenbruch, welchen das Chaos als einen Stoß in die Unendlichkeit ansehen würde – eine andere Form des entropischen Chaos.

Folglich befindet sich der »Rand des Chaos« zwischen unserem gemachten Nest und dem Bereich, in den wir in Zeiten von völligem Stress gelangen, wenn wir mit einem Übermaß an Aktivitäten und mit zuviel Verantwortung beladen sind. Der Raum zwischen diesen beiden Zuständen ist es, den wir aufsuchen müssen, um unsere Existenz zu bereichern. Dies ist der »Rand des Chaos«, den Kauffmann als das Leben zwischen Struktur und Überraschung bezeichnet, denn dies erfordert einen Balanceakt zwischen unserer Routine und der Ordnung auf der einen Seite und der Planlosigkeit, dem Chaos und der Spontaneität auf der anderen Seite. Eine zu starke Bewegung in die eine oder andere Richtung bedeutet, dass die Ideen und Möglichkeiten schwinden. Unser Alltag bedarf der Aufrechterhaltung von Routine. Er erfordert aber auch Phasen, in denen wir aus unserer Behaglichkeit herausgerissen werden, um neue Beziehungen, Ideen und Gesprächen zu begegnen. Durch dieses Zusammentreffen wird es erst möglich, dass neue Muster in unser Leben treten: seien es neue Freundschaften, neue Chancen für einen Karrierewechsel oder neue intellektuelle oder kreative Einsichten.

Die Reise des Lebens handelt also davon zu lernen, wie wir unsere Verbindungen im Gleichgewicht halten, so dass es ausreicht, um kreativ zu sein, aber nicht so viel, dass wir überlastet und dadurch unproduktiv werden. Gelingt es uns, dieses Gleichgewicht aufrecht zu erhalten, dann informiert uns die Erforschung von Chaos und Komplexität darüber, dass unser Leben erkennbare Motive und Zyklen in sich einschließt, aber gleichzeitig auch neue Strukturen und Ordnungen bewirken kann. Manche werden physiologischer Natur sein und eine gute Grundlage für eine gesundes Leben liefern. Andere werden in unserem Denken und in unserer schöpferischen Tätigkeit auftreten, wieder andere in den sich entfaltenden Ereignissen unseres Lebens.

Erinnern wir uns daran, der »Rand des Chaos« muss kein Ort des völligen Durcheinanders sein, er ist einfach ein Bereich voll von Beziehungen.

Im Jahre 2004 nahm ich als Besucherin am Literaturfestival

in Cheltenham teil, wo die produktive und gefeierte Krimi-autorin Ruth Rendell interviewt wurde. Sie wurde gefragt, ob sie ihre Bücher vor dem Schreiben planen würde. Rendell verneinte dies. Vielmehr beginnt sie einfach mit dem Schreiben der Charaktere und gestaltet deren Beziehungen untereinander locker. Dann kommt plötzlich aus dem Nichts, »und ich habe keine Idee wie dies geschieht«, eine Struktur, »die am Ende die richtige Wendung nimmt.« Sie setzt also ihren »Rand des Chaos« ein, um die Bücher zu schreiben. Zunächst skizziert sie ihre Charaktere, dann richtet sie Rückkopplungen an der richtigen Stelle zwischen diesen Figuren und deren Wechselbeziehungen ein und öffnet sodann ihren Verstand für die aufsteigenden Muster, die uns darüber informieren, dass Chaos und Komplexität eintreten werden. Die neu entstehende Ordnung ergibt ganz selbstverständlich die Handlungslinie, denn die Erzählung, die Handlung um den ungeklärten Mord ist eine Form der neuen Ordnung. Für Ruth Rendell wird die schöpferische Quelle in ihrem Leben konstant von den neuen Protagonisten ihrer Bücher bereichert, und aus dieser komplexen Umgebung entstehen die neuen Ideen, und diese neuen Handlungslinien führen zu neuen Büchern.

Die meisten von uns suchen diese schöpferische Unordnung auf andere Weise. Viele Menschen empfinden das alltägliche Einerlei von Arbeit und Familie mit ihren Regulativen als penetrant, und aus diesem Grund zwängen sie noch ein Hobby in ihre geschäftige Alltagsroutine hinein, welches zudem mit neuen sozialen Gruppierungen und neuen Aktivitäten bekannt macht. Dadurch wird der »Sand am Nilufer« ihres Lebens etwas aufgewirbelt, so dass das Entstehen neuer Strukturen ermöglicht wird. Andere fahren in Urlaub, der aber nie wirklich für die körperliche Erholung bestimmt ist, sondern um aus dem Alltag auszubrechen, denn dadurch betreten wir unbekanntes Gelände und werden in ungewohnte Alltagsabläufe gedrängt.

Wenn wir »den Rand des Chaos« aufsuchen, dann gibt es einen springenden Punkt, um das Entstehen der neuen Strukturen zu ergreifen und dies heißt, diese werden in unerwarteten Bereichen eintreten und sie scheinen zufällig zu sein, ohne eine Verbindung zu dem Urlaub oder dem Hobby. Dies ist die nichtlineare Welt, dennoch funktioniert sie mit der gleichen Gewährleistung wie die Kausalität, denn es werden neue Muster entstehen, es wird aber konsequent einen Mangel an eindeutig kausalen Bindegliedern geben. Dies erklärt »den Rand des Chaos« zu einem äußerst exotischen Endziel, denn wenn jemand ein neues Hobby beginnt, sich aus dem eigenen gemachten Nest herauswirft, loszieht und neue Menschen trifft, mit unbekannten Situationen umzugehen lernt, dann kann es sein, dass plötzlich eine festgefahrene alte Streitfrage mit einem Onkel, der schon seit Jahren nur Schwierigkeiten bereitet hat, in Bewegung gerät und aufgelöst wird. Eine Frau kann Ferien an einem ihr neuen und merkwürdigen Ort machen und einen Kulturschock erleben. Ein paar Monate später wird sie plötzlich schwanger, dabei hatte sie zuvor schon jahrelang vergeblich versucht, Kinder zu bekommen. In der Vergangenheit hätte man dies als Zufall bezeichnet, da man zwischen den beiden Ereignissen keinen Zusammenhang angenommen hätte. Denken wir jedoch in den Begriffen von Chaos und Komplexität, dann deutet alles darauf hin, dass es sich weniger um einen Zufallstreffer handelte, sondern dass dieses Ereignis eine reale Gewissheit ist, auch wenn die endgültige Ausdrucksform der neuen Ordnung nicht vorhersagbar sein mag. Dies ist ein kritischer Punkt, denn indem man aus seiner eigenen Behaglichkeit heraus in einen neuen Lebensbereich eintritt, kann man helfen, die Stagnation bei anderen aufzulösen.

Für den Chaos-Astrologen sind die in diesem Konzept enthaltenen Möglichkeiten ungeheuer, denn wenn er Geburtshoroskope und Prognosemethoden verwendet, kann er dem Klienten zu dem Wissen verhelfen, zu welchem Zeitpunkt es am Besten ist, den »Rand des Chaos« aufzusuchen, und dann mögliche Aktionen vorschlagen, um die gewünschten Veränderungen zu schaffen oder zu beschleunigen.

Aber trotz des Potentials, das dort für unser Leben bereitgestellt sein könnte, verspüren die meisten Widerstände, diesen Bereich aufzusuchen. Manche Menschen vermeiden Veränderung grundsätzlich. Andere leben in einem viel zu großen Netzwerk und fragen sich, warum sie immer unter Stress stehen, aber dennoch wenig zustande bringen. Auf die eine oder andere Art bildet die geschichtliche Entwicklung zur Bereitschaft eines Klienten, den »Rand des Chaos« zu suchen, im Laufe der Zeit so genannte »Fitnesslandschaften«. Das Verständnis dieser Fitnesslandschaften kann für den Chaos-Astrologen von großem Nutzen sein.

In diesem Stadium ist es verlockend, den einfachen Schluss zu ziehen, dass veränderliche Tierkreiszeichen anfällig sein könnten, mit Informationen überladen zu werden und folglich dazu tendieren, sich über den »Rand des Chaos« hinaus zu bewegen, während eine Person mit einem Übergewicht der fixen Zeichen im Horoskop eine Abneigung gegen jeden Bewegung aus ihrem gemachten Nest heraus hervorkehren könnte. Auch wenn dies gelegentlich der Fall sein mag, so ist es dennoch sehr viel zuverlässiger, das Horoskop in Verbindung mit der Lebensgeschichte der Person zu untersuchen. So kann man deren Fähigkeit abschätzen, zwischen Struktur und Überraschung zu leben.

Fitnesslandschaften –
Die Geschichte des Klienten und seine Bedürfnisse

Obschon manche Menschen und einige Horoskope bessere Ausgangspositionen erhalten zu haben scheinen, leben wir alle in unseren eigenen besonderen Landschaften.

Wenn wir danach streben, etwas zu erreichen, wie z.B. einen finanziell tragfähigen Lebensstil oder eine glückliche Beziehung, dann erklimmen wir einen Gipfel in unserer Fitnesslandschaft. Die Scheitelpunkte repräsentieren unsere Ziele. Die eigentliche

Felsspitze, die wir besteigen, beschreibt die Entscheidungen, die wir hinsichtlich der besten Möglichkeit zur Erlangung unserer Ziele gefällt haben. Der Gipfel ist begrenzt und wird zusehends steiler. Steuern wir die höchste Spitze an, dann läuft es darauf hinaus, dass wir härter arbeiten für ein geringeres Weiterkommen und schließlich setzen wir uns nur noch für das Standhalten in unserer Position ein. Sobald wir diesen Zustand geringen Weiterkommens erreichen, sind Verbindlichkeiten mit dem Berge entstanden – denn wir haben unsere Zeit in die Gipfelbesteigung investiert und so wenig wir auch immer in diesem Zustand zurückerhalten mögen, die Bergspitze als solche bedeutet einen gewissen Wert für unsere Anstrengung.

Es beruht auf schlichter Erkenntnis, dass sich unsere eigene Bergspitze aus den vergangenen Entscheidungen zusammensetzt, und dementsprechend muss es viele andere Berge geben, die wir bestiegen haben *könnten*, von denen jeder eine andere Entscheidung repräsentiert. Es ist auch logisch anzunehmen, dass der gegenwärtige Gipfel, auf dem wir stehen, nicht zwangsläufig der beste oder höchste sein muss, und auch nicht derjenige, der unsere Bedürfnisse auf die bestmögliche Weise erfüllt. Es gibt viele verschiedene Lebensweisen, die wir geführt haben könnten, und es gibt keinen Grund anzunehmen, dass wir im Augenblick das Leben führen, das uns zum größten Glück oder zur größten Erfüllung unserer Träume verhilft.

Halten Sie einen Moment inne und denken Sie über Ihren eigenen Scheitelpunkt nach, ihre eigene gegenwärtige Position im Plan ihres Lebens. Welche anderen Spitzen können Sie sehen? Es gibt verschiedene Arten von Landschaften und in hohem Grade hat Ihre bisherige Vergangenheit im Umgang mit dem »Rand des Chaos« diese Landschaft geschaffen, in der Sie sich heute befinden.

Wenn Sie hinausschauen und eine Landschaft sehen, die in der Ferne ausläuft und langsam an Höhe zunimmt, dann leben Sie in einer sogenannten *gestuften Landschaft*. In einer solchen gestaffelten Landschaft kann man einen Pfad zu besseren Gipfeln

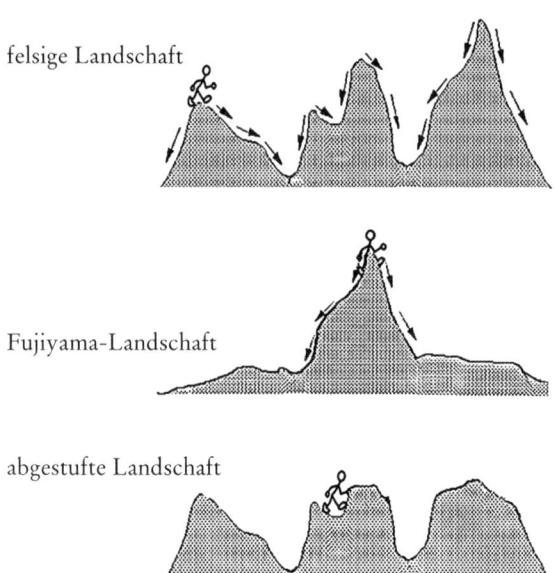

felsige Landschaft

Fujiyama-Landschaft

abgestufte Landschaft

Abb. 17: Menschen erbauen sich drei verschiedene Arten von Land-
schaften in ihrem Leben. Jemand kann in einer abgestuften Land-
schaft leben, mit klaren Wegen zu besseren Alternativen. Sie können
auch in Fujiyama-Landschaften leben, wo sie denken, keine Alterna-
tiven zu haben. Oder sie leben in felsigen Landschaften, in denen sie
zwar Alternativen sehen, aber keine Ahnung haben, welche die bes-
ten Ergebnisse erbringen könnte. In diesen Landschaften repräsentie-
ren die Täler einen Weg, um den »Rand des Chaos« zu erfahren.

erkennen. Mit der angemessenen Motivation besteht eine gute
Chance, dass Sie den Mut aufbringen, aus der gegenwärtigen
Position herabzusteigen und die Verwirrung, den Mangel an
Ressourcen, die Schwierigkeiten der Talsohle auszuhalten, um
von Neuem einen Gipfel zu besteigen, der Ihnen als ein besserer
Höhepunkt erscheint. Aus diesem Grund gehen Menschen be-
reitwillig durch die Umwälzungen, die ein Umzug, eine beruf-
liche Veränderung, der Beginn einer neuen oder das Auflösen

166

einer bestehenden Beziehung usw. mit sich bringen. Es ist der Versuch, einen entfernteren, aber besseren Gipfel zu erobern. Die gestufte Landschaft wird am meisten zum Leben bevorzugt, denn sie ermöglicht mit größerer Zuversicht Reisen in die Unordnung der Täler. Findet sich überdies in einer Übergangszeit ein vermeintlicher Weg nicht an der erwarteten Stelle, dann kann man, weil man sich durch eine Reihe von gestuften Gipfeln bewegt, schneller einen neuen Pfad erkennen, der höhere Bergspitzen erschließt. Man ist bereit, mit dem was man *jetzt* hat, Risiken einzugehen, da man an anderer Stelle Potentiale erkennt, die dann wieder das herbeiführen, was man für ein besseres Leben hält.

Die Menschen erstellen sich ihre gestuften Landschaften, indem sie die Fähigkeit entwickeln, oftmals den »Rand des Chaos« aufzusuchen und das erste Flackern der entstehenden Ordnung zu erkennen und zu nutzen. Manche nennen es »Glück«, aber in Wirklichkeit wird dieses »Glück« von Menschen hervorgebracht, die zum Risiko bereit sind und dadurch ergiebigere Möglichkeiten finden. Diese Menschen sprechen davon, dass sie ihrer Ahnung folgen, dass die eine »Nase« für die Alternative oder »ihr Ohr am Nerv der Zeit« haben. Das bedeutet, dass sie in der Lage zu sein scheinen, eine neue eintretende Ordnung vor allen anderen aufzugreifen.

Lebt eine Person in einer gestuften Landschaft, dann sucht sie beim Astrologen Auskunft über das Timing, wann sie einen Gipfel verlassen und einen anderen besteigen soll. Sie wird sich nicht generell mit den Fragen nach der Richtung oder der erforderlichen Motivation aufhalten. Ihre astrologischen Bedürfnisse werden sich von denen einer Person in einem anderen Landschaftstyp unterscheiden.

Schauen wir uns Barbara an, eine Klientin, die in einer gestuften Landschaft lebt. Nachfolgend das, was sie mir in einer Mail im Januar 2006 mitteilte, als sie um einen Beratungstermin anfragte:

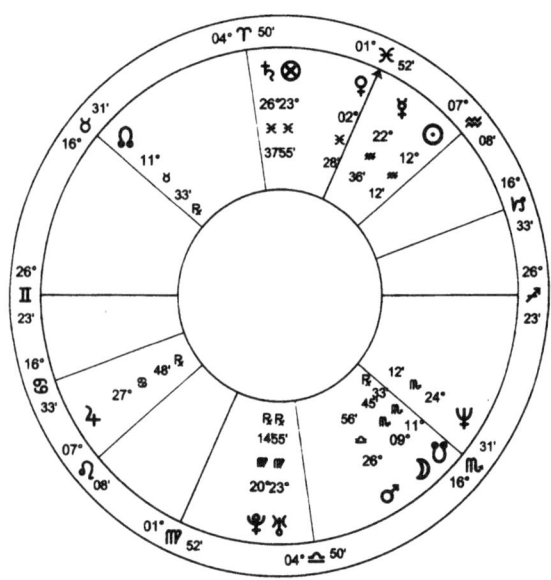

Abb. 18: Barbara

Ich arbeite als Physiotherapeutin hier in USA, bin aber dennoch viel auf Reisen, d.h. ich arbeite ungefähr drei bis sechs Monate am Stück. Ich reise in verschiedene Bundesstaaten und arbeite in unterschiedlichen Einrichtungen. Augenblicklich bin ich in Florida, um dem New Yorker Winter zu entfliehen.

Ich bin zwar ganz glücklich, dass ich viel reisen kann, denn dadurch ist einer meiner Träume wahr geworden. Aber über die Arbeit an sich gebe ich mich keiner Illusion mehr hin, wegen dem Papierkram und der Bürokratie usw., denn dies dominiert, und die Patienten werden zweitrangig. Dies weckt in mir immer wieder die Gedanken, dass ich nicht warten kann, bis der Job vorbei ist, und dass ich vielleicht einen anderen Berufsweg einschlagen sollte – ganz besonders später.

Ich habe weder Mann noch Kinder. Meine Familie ist klein. Meine Schwester lebt mit ihren Kindern in Boston und meine

Mutter in New York. Ich bin sehr unabhängig und manchmal sogar zu sehr. Meine Pläne für das nächsten zwölf Monate wären …

Nun listet Barbara fünf Hauptziele für das nächste Jahr auf, die sie alle in Angriff nehmen möchte, u.a. eine berufliche Verbesserung, einige erfolgversprechende Investitionen, den Kauf einer kleinen Farm, um Wurzeln zu schlagen, ein Studium zum persönlichen Vergnügen sowie Siegerin in einem Marathonlauf zu werden.

Es ist nicht erstaunlich, dass sie eine Beratung wünscht, um Beistand für die ideale Zeitplanung zu erhalten. Sie sucht den Astrologen keineswegs auf, um nach besseren Gipfeln in ihrer Landschaft Ausschau zu halten. Sie wünscht Unterstützung, um die beste Reihenfolge für ihre Bestrebungen festzulegen, in der sie diese vielfältigen, neuen Gipfel erklimmen kann, welche sie schon vor sich sieht. Sind Sie nach einem Blick in ihr Horoskop noch überrascht, dass sie sich eine gestufte Landschaft zusammengestellt hat?

Barbaras Kardinalpunkte in veränderlichen Zeichen mit den Zwillingen als aufsteigendes Zeichen und einem Fische-MC legen die Bereitwilligkeit nahe, sich mit dem »Rand des Chaos« zu befassen. Zusätzlich steht die Uranus-, Pluto- und Saturn-Verbindung im Quadrat zum Aszendenten, was den starken Wunsch anzeigt, im Leben aktiv und engagiert zu sein, was auch immer passiert. Da der Herrscher des Aszendenten (Merkur) in einem Luft-Trigon zum aufsteigenden Zeichen Zwillinge steht, mangelt es Barbara nie an Ideen, die ihren starken und emsigen Antriebskräften Nahrung geben. Barbara steht es jedoch selbstverständlich frei, jede von ihr gewünschte Landschaft zu errichten, aber ihr Geburtshoroskop zeigt, dass sie schnell Ideen entwickeln und mit diesen neuen Alternativen auch etwas unternehmen kann. Ihr Geburtshoroskop reflektiert ihre Landschaften, d.h. in den Augen des Chaos-Astrologen kann sich die Beratung stärker um das Thema der zeitlichen Abstimmung und Umsetzung konzentrieren, anstatt auf die Neuorientierung und die Motivation.

Manchmal befinden sich Menschen jedoch auch in einer sogenannten *Fujiyama Landschaft*. Sie entdecken, dass sie auf einem einzelnen und einsamen Gipfel stehen. Wenn sie von ihrer Position an der Spitze einen Ausblick wagen, dann sehen sie keine sonstigen Gipfel und folglich auch keine anderen Möglichkeiten oder Alternativen am Horizont. Dies sind die Klienten, die zu lange an ihrer eingefahrenen und gewohnten Position festgehalten haben, sodass das sanfte Plätschern der neuen Ideen und Ordnungen nahezu verschwunden ist. Sie sehen sich in einer unglücklichen Situation, dies ist jedoch ein Zustand, in dem es ihrer Annahme zufolge keine Chance zu einer Veränderung gibt. Lebt ein Klient in einer Fujiyama-Landschaft, dann sucht er keinen neuen Weg, sondern die Rückversicherung, dass ihm tatsächlich doch andere Alternativen offen stehen. Durch die Konzentration auf die im Horoskop inhärenten Qualitäten und Möglichkeiten, und indem man den Klienten Fragen zu ihrer Routine, ihren Gewohnheiten und Strukturen stellt, gleichzeitig aber auch erkundet, ob sie in der Lage wären, mit ihren alten Verhaltensstrukturen zu brechen, kann der Chaos-Astrologe dem Klienten helfen, auf welche Weise auch immer, dem »Rand des Chaos« näher zu kommen. Denn nur dann würde der Klient sich darauf einlassen, neu entstehende Gipfel zu sehen.

Schauen wir auf die E-Mail von John, die mich im Januar 2005 erreichte.

Im Jahre 1993 startete ich in Frankreich mit einem Gesangskurs an der Akademie (nachdem ich das von meinen Eltern »erzwungene« Hochschulstudium abgeschlossen hatte). Im Jahre 2001 bekam ich mein Diplom und nahm danach weiterhin Privatunterricht bei verschiedenen Gesangslehrern. Klassischer Sänger zu werden war mein Traum seit dem sechzehnten Lebensjahr, aber ich hatte nicht genügend Mars, um mich gegen meine Eltern durchzusetzen. Aber jetzt bin ich zu alt für das

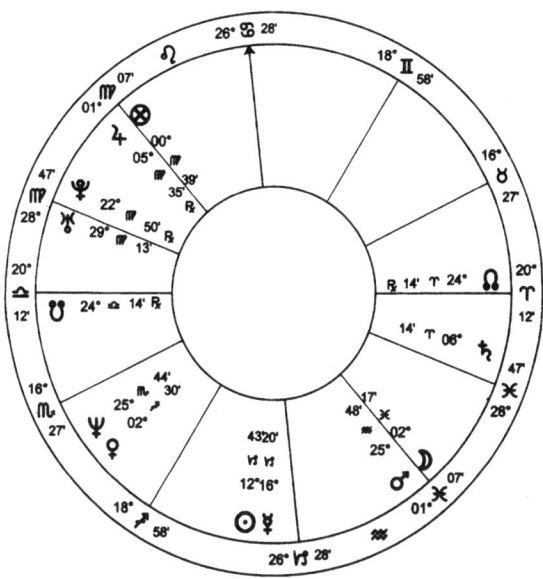

Abb. 19: John

Konservatorium. Dies hat mich sehr depressiv gemacht, und ich habe über ein Jahr lang keine einzige Note gesungen. Ich möchte aber wieder mit dem Üben anfangen. Aber besteht die Chance, dass ich jemals soviel Beifall erhalte, damit ich mir ganz oder teilweise meinen Lebensunterhalt mit einer künstlerischen Laufbahn verdienen kann? Es muss nicht einmal nur klassische Musik sein.

Wir können Johns musikalische Ader an dem Geburtsherrscher (Venus) erkennen, die in Konjunktion zu Neptun steht, der sich allerdings in einem anderen Zeichen befindet und zugleich ein Trigon zum MC bildet. Es hätte sicher viele verschiedene Wege gegeben, wie diese Kombination in seinem Leben hätte zum Ausdruck kommen können, aber der Traum von einer Karriere als Sänger ist in diesem »seltsamen Attraktor« enthalten.

Da John die Hauptachsen in Kardinalzeichen und zudem eine starke Mond-Jupiter Verbindung hat, hätte man kaum erwartet, dass er den »Rand des Chaos« vermeiden und sich in eine Fujiyama-Landschaft manövrieren würde. Aber obwohl John in der Beratung nur erfahren wollte, wann die Dinge sich für ihn am vorteilhaftesten gestalten werden, muss der in den Kategorien der Chaos-Astrologie arbeitende Berater bei dem hier gegebenen, potentiell aktiven Horoskop ihn lediglich motivieren, überhaupt *etwas* zu unternehmen, denn jede Aktivität eröffnet ihm neue Alternativen. Die zeitliche Abstimmung der prognostizierten Ereignisse kann ihm helfen, die besten Momente zu finden, um sich aktiv auf den »Rand des Chaos« einzulassen. Eine allgemeine Ausdeutung des Horokops kann John anspornen, die neu entstehende Ordnung bereitwillig anzunehmen, sobald diese an die Oberfläche seines Lebens sprudelt. In diesem Fall liegt es an dem Chaos-Astrologen, John zu ermutigen, von seinem Fujiyama-Gipfel herabzusteigen.

Eine dritte Kategorie umfasst jene Menschen, die sich in ihrem Leben ein sogenannte *zerklüftete Landschaft* errichtet haben. Sie stehen auf einem Gipfel und erkennen viele andere Bergspitzen, aber diese sehen für sie alle gleich aus und wenn sie Alternativen erblicken, dann scheinen diese für sie keinen Deut besser zu sein als der Gipfel, auf dem sie gegenwärtig thronen. Sie sind infolgedessen unfähig, einen Weg nach vorne zu erkennen, der ihnen eine bessere Zukunft versprechen könnte. Diese Klienten neigen dazu, allen Veränderungen mit Verwirrung entgegenzusehen. Sie wollen keine zeitliche Festlegung in der Beratung des Astrologen, sondern suchen vielmehr Sicherheit für jeden möglichen und gangbaren Weg.

Clares zerklüftete Landschaft wird in ihrer E-Mail vom April 2005 deutlich sichtbar:

Ich bin mir nicht sicher, ob ich im Hinblick auf meinen Job tue, was ich tun sollte. Ich unterrichte unzufriedene Jugendliche, die kein Elternhaus haben, Drogenprobleme mitbringen oder an

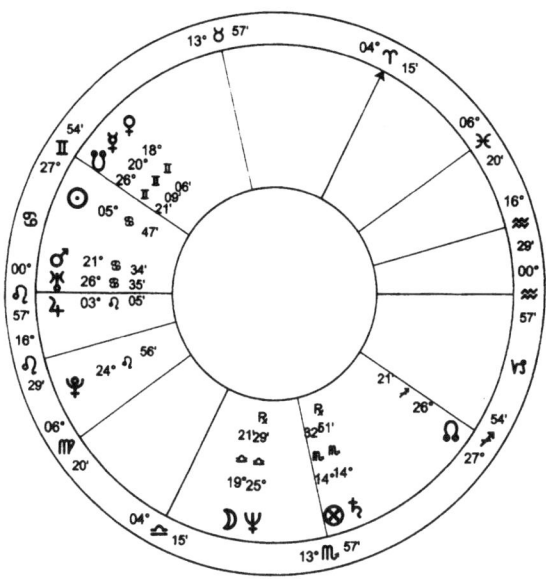

Abb. 20: Clare

Motivationslosigkeit leiden. Viele sind straffällig geworden. Obwohl es lohnend sei kann und viele Aspekte meiner Arbeit mir
Freude bereiten, ist es auch sehr aufreibend. Die Einrichtung,
in der ich arbeite, wirkt wenig unterstützend. Es geht nur um
Zielsetzungen. Dazu kommt die Tatsache, dass es in jüngster Vergangenheit viele Entlassungen gab, so dass ich mir auch Sorge um
meinen Job mache. So sehr ich mich auch frage, ob ich der richtigen Arbeit nachgehe, so mache ich mir doch große Sorgen, ar-
beitslos zu sein. Finanziell stehe ich besser da als lange Zeit zuvor.
Ich arbeitete als Teilzeitkraft an einem College, hörte aber 2002
auf, weil ich eine volle Stelle benötigte, was hier in der Gegend
schwierig zu bekommen ist. So konnte ich mein Haus hier kaufen
und bin dabei, es abzuzahlen. Ich möchte nicht, dass meine Söhne
für mich sorgen müssen, denn sie sind glücklicher, wenn ich auf
eigenen Füßen stehe. Aber um auf die Ausgangsfrage zurück zu

kommen: Ich frage mich, ob ich etwas anders tun sollte, oder ob
ich derzeit das tue, was ich in meinem Leben tun sollte?

Clares Schwierigkeit ist, dass sie mit dem gegenwärtig von ihr besetzten Gipfel unzufrieden ist, obwohl sie anerkennt, dass dieser ihr für ihre Anstrengungen etwas gibt. Wenn sie allerdings hinausschaut, dann wird sie sich bewusst, dass es noch andere Alternativen oder Gipfel gibt, sie kann jedoch nicht beurteilen, ob diese besser sind, so dass sie auch nicht motiviert ist, überhaupt in die Täler zu treten. Solche zerklüfteten Landschaften können sich mit der Zeit tatsächlich in Fujiyama-Landschaften verwandeln, denn Untätigkeit veranlasst die anderen Gipfel, sich aufzulösen.

Das Stellium aus Uranus, Mars und Jupiter um ihren Aszendenten herum ist eine bedeutende Kombination, welche anzeigt, dass sie nicht dazu neigt, in den stockenden Zustand einer Fujiyama-Situation hineinzugleiten. Clare braucht eine Richtung. Sie braucht den Chaos-Astrologen, damit er mit ihr auf dem gegenwärtigen Gipfel steht und ihr nicht einen oder zwei, sondern drei oder mehr neue Gipfel in der Ferne zeigt. Sodann braucht sie den Astrologen, damit er ihr den idealen Zeitpunkt aufzeigt, um den sicheren Gipfel zu verlassen und in den Tälern dem »Rand des Chaos« zu begegnen.

Menschen schaffen sich Landschaften und leben in diesen, aber so wie sie sich diese erbauen, so können sie diese auch verändern. Alle drei Klienten hatten das Maximum ihres gegenwärtigen Gipfels erreicht. Barbara blickt auf ein Meer an Möglichkeiten mit klaren Zielen und strebt danach, ihren nächsten Gipfel in Angriff zu nehmen. John findet sich alleine auf der Spitze eines einsamen Gipfels wieder, der für ihn nicht erfüllend ist, aber er kann keine anderen Berge um sich herum sehen. Clare weiß den Wert ihres aktuellen Gipfels zu schätzen, ist sich aber bewusst, dass es viele alternative Gipfel gibt, und sie ist sich unsicher, ob diese anderen Gipfel höher oder besser wären als der gegenwärtige.

Die meisten Klienten stehen auf der höchsten Kuppe eines Gipfels, wenn sie zum ersten Mal einen Astrologen aufsuchen, denn dies ist eine Phase, in der sie instinktiv wissen, dass sie etwas verändern müssen. Die angeführten Beispiele sind einfach und es ließen sich noch viele weitere Aussagen aus den Horoskopen von Barbara, John und Clare gewinnen. Aus ihren persönlichen E-Mails ersehen wir aber, dass sie gewillt und offen sind, um sich ihrem »Rand des Chaos« zu nähern. Folglich ist der Typus der jeweiligen Landschaft, in der sie sich befinden, eine wichtige Information, denn sie definiert dem Chaos-Astrologen die Herangehensweise an die Beratung.

Durch den Blick auf die Landschaft der Klienten kann man auch sehr schnell einen Einblick in deren Geschichte gewinnen, denn man sieht, wie sie früher mit dem »Rand des Chaos« in Kontakt getreten sind. Es kann manchmal sehr lange dauern, bis sich Landschaften aufbauen und obwohl das Geburtshoroskop eine Hilfe darstellt, um den passenden Landschaftstyp zu erkennen, so ist es dennoch immer nur die Geschichte des Klienten, die uns die endgültige Bestätigung darüber geben kann (wie im Beispiel von Barbara). Die Landschaften mögen zu dem Horoskop passen, oder es ist die in dem Horoskop vorhandene Spannung, wie im Fall von John.

Viele Astrologen können diese Einschätzung eines Horoskops vielleicht schon vornehmen, ohne dabei jemals ausdrücklich an »Landschaften« zu denken. Wie auch immer, alle neuen Lösungen von alten Problemen beginnen mit der Fähigkeit der Person, ihren »Rand« in Augenschein zu nehmen. Dies zu verstehen und die Landschaft des Klienten als eine Aufzeichnung der früheren Handlungen anzusehen, vermittelt dem Chaos-Astrologen Einsichten darüber, welche Herangehensweise bezüglich der kommenden, vorhergesagten Ereignisse am ehesten angebracht ist. Wie auch immer die Situation des Klienten gerade sein mag, der Astrologe weiß auch, dass alle Landschaften verändert werden können. Reist man durch eine zerklüftete Berglandschaft, dann kann man durch einen Canyon kommen und sich allmählich in einer gestuften Landschaft wiederfinden mit eindeutigen Bergen und Pfaden. Hat man den Mut, die Einsamkeit eines Fujiyama-Gipfels zu verlassen, kann man auch feststellen, dass sich die Wolken lichten und andere Berge enthüllen. Aus der Perspektive des Chaos lautet das Lebensziel, die Täler am »Rand des Chaos« regelmäßig aufzusuchen, um eine gestufte Landschaft zu kultivieren. Die Bergspitzen geben uns unsere Belohnung, aber wir erreichen sie nur durch die Täler unserer persönlichen Landschaften.

Vorhersagen, Häufungspunkte, Gabelungen und Homöostase

Gabelungen (Bifurkationen) ermöglichen es uns, die Gipfel zu wechseln und die Chaos-Theorie bezeichnet Stellen, an denen diese Veränderungen eintreten, als Häufungspunkte. Sobald ein lebendes System einen Häufungspunkt erreicht, gehen die Chaos-Theoretiker davon aus, dass sie die Art der angebotenen Alternativen vorhersagen können, dass sie aber nicht exakt festlegen können, welcher Weg eingeschlagen wird. Dies trifft selbstverständlich auch auf die astrologischen Vorhersagen zu. Ein prognostizierender Astrologe kann Hinweise auf die zeitliche Auslösung zukünftiger Ereignisse geben und ebenso auch auf die generelle Art der zu erwartenden Veränderungen; die meisten Astrologen gehen aber nicht davon aus, dass sie die konkrete Ausdrucksform vorhersagen können.

Wie schon weiter oben diskutiert, leistet das Leben Widerstand gegen Veränderungen, was man als Homöostase bezeichnet. In biologischer Hinsicht definieren wir Homöostase, indem wir beobachten, wie eine Spezies sich selbst fortpflanzt: Hunde gebären Hunde, aber keine Katzen oder Kaninchen. Auf der psychologischen Ebene deutet Homöostase darauf hin, dass eine Person innere Stabilität sucht und sich kleinen Veränderungen widersetzt. Im Laufe eines Tages widerfahren uns unzählige Dinge, einige sind geplant, andere sind nicht geplant. Allgemein gesagt, wir greifen die Veränderungen auf – und sträuben uns dagegen, dass sie unsere Pläne verändern. Wir alle haben ein starkes Bedürfnis nach Homöostase, und exakt dieser Trieb nach Stabilität arbeitet gegen die Notwendigkeit, unseren »Rand des Chaos« aufzusuchen. Diese Liebe des Lebens zur Homöostase ist auch der Grund, dass es uns so schwer fällt, Gewohnheiten oder den Lebensstil zu ändern, und folglich gleiten wir oft nach einigen Wochen des Bemühen wieder in den alten Trott zurück.

Der Chaos-Astrologe, der mit Prognosetechniken arbeitet, beurteilt immer, inwieweit ein Ereignis beachtenswerte Veränderungen in das Leben einer Person bringen kann. Dies wird ganz offensichtlich, wenn wir die Mond-Transite betrachten, die durch ein Horoskop jagen und jeden Monat alle möglichen Variationen von Häufungspunkten anbieten. Unser Verlangen nach Homöostase wird solchen kleineren und häufig eintretenden Ereignissen leicht widerstehen können, wenn es darum geht, unsere Stabilität zu schützen. Aber wie uns allen nur zu gut bewusst ist, lassen andere Transite oder prognostische Ereignisse eindeutig erkennen, dass eine Bifurkation erreicht worden ist und dass eine Veränderung eintreffen wird. Ein Beispiel hierfür haben wir in dem Horoskop von Anne (siehe Seite 113). Lassen Sie mich aber nochmals auf das Horoskop von Barbara und die zeitliche Abstimmung ihrer E-Mail zurück kommen.

Bei Barbara sind in dem angesprochenen Zeitraum verschiedene Häufungspunkte aktiviert worden. Der laufende Pluto bildet eine Konjunktion zu ihrem Deszendenten (ein Häufungspunkt), gleichzeitig aber auch ein Transit-Quadrat zu ihrem Radix-Saturn (ein anderer Häufungspunkt), während der transitierende Saturn ein Quadrat zu ihrem Radix-Mond bildet (ein dritter Häufungspunkt). Es gibt noch weitere prognostische Anhaltspunkte außer diesen Transite. Eine ausführliche Darstellung verschiedener Prognosetechniken anhand dieses Horoskops finden Sie in meinem Buch *The Eagle and the Lark*.[102] Aber zu diesem Zeitpunkt tritt der laufende Pluto ganz eindeutig in eine Konjunktion zu Barbaras Hauptachsen und wird damit eindeutig zu einer Bifurkation. Der Deszendent ist ein höchst sensibler Häufungspunkt in einem Geburtshoroskop, und der Transit des Pluto in der Konjunktion kommt nur einmal im Leben vor. Wir können also damit rechnen, dass dieser Transit den Eintritt neuer Ereignisse ankündigt, die Barbaras homöostatische Tendenzen bezwingen werden. Barbara bekommt die Gelegenheit, aber auch den inneren Ruck, in einen neuen Teil ihres Lebens-Fraktals zu »springen«. Die Astrologie kann ganz eindeutig die Eckpunkte der zeitlichen Auslösung definieren, und sie kann ebenso die Qualität der anstehenden Veränderung aufzeigen. Da der Transit-Pluto dazu tendiert, unumstößliche Veränderungen im Leben des Geborenen anzuzeigen, können wir vorhersagen, dass einer der fünf Gipfel von Barbara, die sie im kommenden Jahr erklimmen möchte, vielleicht ihre gesamte Energie absorbieren wird und sie in unbekannte Gefilde schieben wird, die ihre Wohnung (Pluto im 4. Haus) sowie ihre Arbeit und Lebensmuster (Pluto ist der neue Herrscher des 6. Hauses) betreffen könnten. Da der laufende Pluto auch in Konjunktion zum Deszendenten steht, wird sie vielleicht ihre Verbindlichkeiten gegenüber einer Gruppe vollkommen neu arrangieren, vermutlich aufgrund ihrer beruflichen Verantwortung.

Der Wandel tritt in Barbaras Leben ein, und als ihr Astrologe wären Sie erfreut darüber, dass sie schon über verschiedene Gipfel nachsinnt. Aber abgesondert von den in der Astrologie üblichen zeitlichen Eingrenzungen und dem Charakter der Bifurkation, zu deren Beschreibung sich die Astrologie hervorragend eignet, gibt es noch etwas anderes, das der Chaos-Astrologe Barbara anbieten kann. Diese zusätzliche Komponente basiert auf der Verschmelzung der Erkenntnisse von Chaos und Komplexität mit der Praxis der Astrologie. Dies kann man dazu verwenden, um Barbara aufzuzeigen, welchen Weg sie durch die Turbulenzen der Bifurkation einschlagen soll, ja es ist sogar möglich, ihr zu helfen, die Endresultate auf die von ihre bevorzugte Alternative hin zu lenken. Um dies zu erreichen, müssen wir aber erst untersuchen, wie die betreffende Person die Ordnung in ihrem Leben aufrechterhält.

Ritual und Routine – ein Mittel, um mit der entstehenden Ordnung zu arbeiten

Eine der Herausforderungen bei der Arbeit mit der Leere ist der Versuch, den Zustand der neu entstehenden Ordnung zu beeinflussen. Wir wissen jetzt, wenn jemand in einen Stillstand gerät, wenn sich eine Firma im Niedergang befindet oder wenn das Leben eines Menschen mit quietschenden Reifen zum Stehen kommt, dass eine neue Ordnung hervorgerufen werden kann, indem die Firma neue Beziehungen innerhalb ihres Personals aufbaut, oder indem das Individuum in neue soziale oder intellektuelle Situationen gestellt wird. Nehmen die Beziehungen innerhalb eines Systems zu, wird dieses an den »Rand des Chaos« herangeführt.

Dieses Konzept ist in sich logisch, aber gleichzeitig ist es auch erstaunlich. Es führt beispielsweise dazu, dass innovative Unternehmen mit ihrem Personal Basketball-Spiele anstatt immer nur rigide Planungstreffen organisieren, und dabei beobachten, ob neue Ordnungen entstehen. Oftmals erscheint dies als eine willkommene Unterbrechung oder als ein Zufall aus dem Blauen heraus, »der absolut nichts mit dem Zusammenbruch der alten Strukturen zu tun hat.« Sobald eine neue Ordnung entsteht, muss diese gleichwohl zuerst einmal auf ihre Realisierbarkeit hin eingeschätzt werden. Lässt sie sich umsetzen, dann muss die Firma bereit sein, das Risiko für die Bewegung in die neue Richtung auf sich zu nehmen. Im Unternehmensmanagement zeigt die Tatsache, dass Komplexität »teils die Physik, teils die Poesie« geprägt hat bzw. »die Seele bei der Arbeit verpflichtet«

die Akzeptanz des offensichtlich a-kausalen Charakters dieser Anwendungen. Aber jede Firma will einen sicheren Plan – ein Verfahren, den kreativen Treibsand des Nils zu mischen, um daraus die gewünschte Veränderung in einer stärker strukturierten Form zu gewinnen. Dies wünschen wir uns auch für unser eigenes Leben: Wie können wir den »Rand des Chaos« aufsuchen und von ihm mit einem bewusst gewünschten Geschenk zurückkehren? Derartige Möglichkeiten scheinen jedoch jenseits der Befunde und des Denkens von Komplexität und Chaos zu liegen. Aber ist dem so?

Andere Kulturen haben in der Geschichte mit dem Chaos gelebt und gearbeitet. Die alten Ägypter und auch die Menschen in Mesopotamien glaubten nicht, dass die Ordnung, welche sie in der Welt sahen, als selbstverständlich zu nehmen war. Sie gingen nicht davon aus, dass die Sonne jeden Morgen im Osten aufgehen würde, denn die Tatsache, dass sie jeden Morgen von neuem aufstieg, war Beweis genug dafür, dass die aus dem Treibsand des Nils geformte Ordnung nach wie vor bewahrt wurde. Darüber hinaus musste die existierende Ordnung durch Rituale aufrechterhalten werden. Die Ägypter bauten ihre Tempel, um die Götter zu beherbergen, die ihrer Meinung nach Symbole für die Weltordnung waren. In diesen Tempeln führten sie die täglichen Rituale durch, welche nach ihrem Glauben die kostbare Ordnung des Himmels und somit auch des Königreiches schützten und mit gestalteten. Die Bedeutung dieser Zeremonien war dermaßen groß, dass die Innenwände der Tempel oder Grabstätten mit den Handlungen dieser Rituale bemalt wurden, und zwar nicht als Dekoration, sondern als eine zeremonielle Anweisung zur Durchführung der Rituale bei Abwesenheit der Priester.[103]

Die Vorstellung, dass ein Ritual die Weltordnung erhalten und mitgestalten kann, ist auch in den Mythen der Eingeborenen erkennbar, in denen sich die Erzählung um Beziehungen zwischen einem Vogel und einem Baum rankt, oder einen Fluss und seinen Fisch, oder einen Bär und seine Bewegung durch den Wald.[104] Solche Geschichten sind lebenswichtig, denn sie garantierten die Gesundheit der urwüchsigen Kultur und ihrer Umgebung, die beide als ein und dasselbe erachtet wurden. Durch ihren sich wiederholenden Rhythmus, – Tag für Tag, Jahreszeit für Jahreszeit, Jahr für Jahr – sind diese eine Form von Selbstähnlichkeit. Der Jung'sche Psychologe van Eenwyck vermutet tatsächlich, dass die Ausübung eines Rituals auf die einfache Idee der Iteration einer Gleichung reduziert werden kann, die ein Fraktal ergibt.[105] Angesichts dessen, dass die Zeit zirkular und nicht linear verläuft, schlägt er vor, dass wir das Ritual zu bestimmten Jahreszeiten einsetzen können, um die Welt zu erneuern und den Menschen zu erlauben, sich selbst zu verjüngen, gerade so wie das Chaos die Ordnung erneuert. Dies finden wir auch im innersten Kern der heidnische Rituale, die die meisten von uns nach wie vor beim Feiern von Weihnachten oder Ostern ausüben. Indem wir gemeinschaftlich bestimmte Handlungen zu den entscheiden Momenten des Jahreszeitenzyklus ausführen, gestalten wir als eine Kultur effektiv den Rhythmus der Jahreszeiten und unterstützen, dass sich dieser auf geordnete und vorhersagbare Weise vollzieht. Man könnte sagen, wir helfen dem Nil, den Sand so aufzuwühlen, dass er die nach unserem Wissen wünschenswerte Realisierung der Ordnung erzeugt, die unsere Kultur und Gesellschaft untermauert. Der Wiederholungscharakter des Rituals ist ein Ausdruck des selbstähnlichen Zustandes des Lebens.

Selbstähnliche Vormittage, selbstähnliche Montage …

Wir alle verwenden die Vorstellung der Selbstähnlichkeit in unserem täglichen Leben. Denken Sie an Ihren Tagesablauf nach dem Aufstehen, Ihre weltlichen Riten. Wenn sie einen normalen Achtstundentag haben, dann unterliegt jeder Morgen während der Woche einer Routine. Wird dieser Rhythmus gestört, dann gerät man vielleicht in Unruhe, denn diese ist ein probates

Mittel, um sich seine Tagesordnung aufrechtzuerhalten: Die morgendlichen Rituale des sich Waschens, das Frühstück, die Art, andere zu grüßen, das verwendete Fortbewegungsmittel usw. sind lebenswichtig. Diese Routine erstreckt sich über den ganzen Tag und schließt auch Reisepläne, Einkaufsverhalten, die Wahl des Essens und die Kaffeepausen ein. Die Liste ist endlos und umfasst selbst solche Kleinigkeiten wie die Feststellung, ob man zuerst den linken oder den rechten Schuh anzieht. In der Tat sind diese Handlungen Übungen in Selbstähnlichkeit, und wenn sie nicht richtig funktionieren, dann hören wir Kommentare wie: »Er ist mit dem falschen Fuß aufgestanden« oder »heute morgen ist der Kaffee ausgegangen und seitdem geht es ganzen Tag schon bergab.«

Wir wissen auch, dass Selbstähnlichkeit genauso über die Skala hinweg vorkommt. Wenn es uns gelingt die Routine und die Gewohnheiten in den kleineren Bereichen unseres Lebens beizubehalten, dann bewahren wir auch die Ordnung in größeren und weniger kontrollierbaren Lebensbereichen. Hält man die Ordnung seines Lebens instand, dann hält man auch die Ordnung des gesellschaftlichen Lebens aufrecht. Hier wirkt ein kompliziertes Räderwerk, die Skaleninvarianz. Sie besagt, dass das, was an einem großen oder kleinen Ort geschieht, auf anderen Ebenen reproduziert wird.

Halten wir kurz inne und denken für einen Moment nach. Diese Erkenntnisse zeigen auf, dass die Ordnung unserer Gesellschaft mit der Ordnung unserer persönlichen Gewohnheiten verknüpft ist. Dies ist die eigentliche Bedeutung des Lebens an einem fraktal-ähnlichen Ort. Genau aus diesem Grund meinten die alten Ägypter auch, dass das Leben des »stillen Mannes« das allergöttlichste war, denn dies war ein Mann, der *immer* in seinen persönlichen Verhaltensmustern lebte und folglich nach ihrem Glauben dazu betrug, die immer vorhandene Ordnung zu erhalten.

Auf dieselbe Weise wird die moderne Gesellschaft heutzutage durch die sich an die Gesetze haltenden Menschen instand gehalten, welche arbeiten, um Geld zu verdienen, damit sie Steuern bezahlen und gute Konsumenten sein können, was dann wiederum die Kultur und die Gesellschaft mitprägt, in der sie leben. So hat sich in Tausenden von Jahren wenig verändert. Der Staat will nach wie vor, dass wir das Leben eines »stillen Mannes« führen und wir verwenden nach wie vor soziale Rituale, um die Gesellschaftsordnung zu bewahren.

Kreative Tuchfühlung mit dem Chaos

Was würde also passieren, wenn Sie etwas in Ihrer alltäglichen Ordnung umstellen würden? Wir wissen, dass schon die geringste Veränderung in einer Struktur später zu größten Auswirkungen führen kann. Hier wirkt die Sensitive Abhängigkeit von den Anfangswerten, abgekürzt SDIC. Wir wissen auch, dass eine Definitionen für Leben von dessen Resistenz gegen Veränderungen ausgeht – die Beibehaltung der Homöostase. Eine kleine Veränderung wird Sie also nicht gleich völlig aus der Bahn werfen. Ihre homöostatischen Tendenzen werden sich bemühen, das Leben in den gleichen Gleisen laufen zu lassen. Integrieren wir allerdings kleine sich wiederholenden Veränderungen in unsere tägliche Routine zu dem Zeitpunkt, an dem das Lebensmuster eine Bifurkation erreicht hat, dann kann es möglich sein, ein neu entstehendes Schema vorsichtig in das Leben hineinzutragen und dieses zu stimulieren, in der Gesamtstruktur kaskadenartige Veränderungen zu formieren.

Aber wann ist nun ihr Leben an so einer Bifurkation angekommen? Wann ist es reif für einen Wandel? Mehr noch: wenn man den Zeitpunkt einer möglichen Veränderung kennt, was ist die geeignete Aktion in dem Moment, um die gewünschte Veränderung auszulösen?

Barbaras Pluto-Transit sagt uns, dass sie eine Zeit der Wandlung erreichen wird, einen Punkt, an dem sie ihre natürliche Fähigkeit zu Homöostase überwinden wird. Sie bewegt sich in oder mit einer Bifurkation, was man in der Komplexitätstheorie einen Tipping Point in ihrem Leben nennen würde. Nun trägt die Selbstähnlichkeit in unserer Alltagsroutine und in unseren Verhaltensmustern dazu bei, die Tagesordnung und die Lebensordnung einzuhalten. Und eine kleine Veränderung, die konstant auf einer Ebene wiederholt wird, wird sich auf einer anderen Ebene reproduzieren. Fragen Sie sich als Astrologe einmal, was in diesem stark aufgeladene Zeitabschnitt passieren wird, wenn Barbara bewusst etwas an ihren alltäglichen Gewohnheiten auf eine sich wiederholenden Weise verändern wird.

Wenn sie ihr Haar anders frisiert oder den Tee in die andere Richtung umrührt, dann ruft sie ganz aktiv das Prinzip des SDIC an dem entscheidenden Zeitpunkt wach, falls eine neue Ordnung entstehen möchte. Wenn sie ferner diese neuen Strukturen weckt, kann sie diese beobachten und in ihrem Leben fördern. In allen Schöpfungsmythen des Chaos muss das erste entstehende Leben den Rest der Ordnung aus der Leere ziehen. Barbara muss also Ausschau halten nach den neuen Ideen und Möglichkeiten, die sie möchte, und sie muss diese dann aktiv zu sich heranziehen und die ersten winzigen Funken des entstehenden Musters daraus herausziehen.

Ist diese Vorstellung von Ritualen und von einer Veränderung der Routine wirklich ein so fremdartiges Konzept für die Astrologie? Das ist nicht der Fall! In der vedischen Astrologie glaubt man, dass ein sich annähernder Transit durch das tausendfache Singen eines Mantras zu einem guten Ende gelenkt werden kann. In der vedischen Astrologie gibt es eine lange Tradition, den Zeitpunkt für eine Bifurkation zu erkennen und die Alltagsroutine zu verändern, um einen Wendepunkt auszulösen. Das Mantra wirkt wie ein Trommeln, wie ein regelmäßiger Pulsschlag, den man ins Alltagsleben des Menschen dann einführt, wenn er für einen Wandel bereit ist. Nach der Logik der Chaos-Theorie und der Komplexitätslehre sind die tatsächlichen Worte des Mantras nicht von Bedeutung, denn die aktive Zutat ist die Veränderung der täglichen Gewohnheiten, die einem durch das Singen des Mantras auferlegt werden. Die Worte des Mantras können allerdings bedeutsam werden, da

184

sie die notwendige geistige Bewusstheit fördern, damit man die richtige Art von Veränderung anstrebt.

Bleiben wir noch einen Moment bei der vedischen Astrologie. Nehmen wir an, eine Person hat einen Saturn-Transit zum Medium Coeli und Sie (der vedische Astrologe) haben empfohlen, ein Saturn-Mantra zu singen. Tatsächlich ermutigen Sie den Klienten also, als erstes seine alltäglichen Abläufe in einer sich wiederholenden Weise zu ändern, und zweitens veranlassen Sie ihn, die selektive Wahrnehmung zu verstärken, um schon das kleinste Aufflackern eines saturnischen Musters zu bemerken. Hierzu fordern Sie den Klienten genau in der Phase einer astrologischen Bifurkation auf, in der alle neuen Strukturen saturnischer Art sind.

Dies ist eine der wichtigsten Konzeptionen der Chaos-Astrologie – die Zusammenstellung der zeitlichen Abstimmung, die mit Veränderung, Ritual oder Routine verbunden ist, welche hoffentlich die erwünschte Qualität des Ereignisses in Schwung bringt. Um der Klarheit willen fasse ich zusammen:

– Finden Sie, unter Einsatz astrologischer Prognosemethoden, die Zeitpunkte für eine Bifurkation oder einen Tipping Point heraus – dies ist der Fall, wenn sich im Leben einer Person Veränderungen abzeichnen, eine Zeit, in der sie den »Rand des Chaos« aufsucht.

– Schlagen Sie vor, dass die Person in dieser Phase ihre alltäglichen Gewohnheiten irgendwie durch sich wiederholende Handlungen verändert.

– Definieren sie die Qualität oder die Charakteristik der möglichen neuen Muster, die in dieser Phase in Erscheinung treten wollen, mit den üblichen astrologischen Prognosemethoden.

– Ermutigen Sie die Person, nach den ersten neuen Strukturen, die sie ausbilden möchte, Ausschau zu halten, sei es anhand von Zufall, Glück oder sogar Synchronizität.

– Sieht der Betreffende die neuen Muster einmal, dann muss er den Mut und das Vertrauen aufbringen, auch auf die kleinen Fragmente der dargebotenen Möglichkeiten einzusteigen.

185

Um bei dem Beispiel des Saturn-Transites von vorhin zu bleiben, nehmen wir einmal an, dass der Betroffene einen schwierigen Vorgesetzten hat und eine neue Arbeitsstelle mit größerem Verantwortungsbereich suchen möchte. Als Astrologen wissen wir, dass die Qualität eines Saturn im Transit zur Himmelsmitte entweder einen Zusammenstoß mit einer Autoritätsperson im Beruf oder eine neue Tätigkeit mit größerer Verantwortung bedeuten kann, oder aber ein Ereignis mit einem ähnlichen Grundcharakter. Selbstverständlich sucht der Klient bei einem neuen Arbeitsangebot die günstigste Alternative.

Dies könnte ein möglicher Handlungsverlauf sein: Rückt der Saturn-Transit nun näher, fängt die Person also an, ihre alltäglichen Abläufe durch wiederholende Handlungen zu verändern (z.B. das Singen eines Mantras oder etwas ähnliches). Unabhängig von den Problempunkten bei der Arbeit, nimmt der Betreffende merkwürdige Zufälle wahr, z.B. einen fehlgeleiteten Brief oder einen falschen verbundenen Telefonanruf, beides bestimmt für eine Firma, zu der er sich hingezogen fühlt. Solche augenscheinlich bedeutungslosen Zufälle sind das schwache Flimmern einer neu sich bildenden Ordnung, die von dem Rhythmus des Mantras in der Routine der Person »zusammengetrommelt« wird. Dann gilt es, diesen sanften Wink zu bestärken und sich nach ihm zu richten. Und wenn die Dinge sich eventuell sogar zu einer neuen Arbeitsstelle oder einer neuen Laufbahn entwickeln, dann darf die Person ehrfürchtig den Kopf schütteln über das Mysterium des Lebens, denn sie sieht, dass der zufällig falsch geleitete Anruf der Dreh- und Angelpunkt für die neuen Lebensumstände war. Näher an der Wahrheit ist allerdings die Tatsache, dass diese Person die Möglichkeiten selbst geschaffen hat, dass sie die falsche Telefonnummer, die zu der neuen Stelle führte, selbst evozierte, indem sie zunächst einmal ihre Gewohnheiten geändert hat. Des weiteren hat sie ihre geistige Haltung und ihre Wachsamkeit verändert, indem sie dem Wink folgte, um die Beschäftigung bei der neuen Firma zu suchen. Diese Person hat mit der Hilfe ihres Astrologen tatsächlich einen Klumpen von dem neu sich bildenden Sandhaufen abge-schöpft und wie der ägyptische Töpfer in der Mythologie das erwünschte Objekt geformt.

Was kann nun Barbara mit dem laufenden Pluto auf dem Deszendenten tun? Zunächst muss sie für sich klären, was sie geschehen lassen möchte, und dieser Wunsch muss in den Be-deutungsbereich eines Transit-Pluto über dem Deszendenten fallen. Einer der Wünsche von Barbara war es, sich eine kleine Farm zu kaufen, damit sie Wurzeln fassen konnte. Mit einem Radix-Pluto im 4. Haus lässt sich dieses Verlangen mit der Sym-bolik des Transites vereinbaren, und sollte dieses eintreffen, dann würde dies bedeuten, dass sie umziehen würde. Wenn sie also vor dem Einsetzen des Transits damit jeden Tag ein wenig damit anfängt, Regale zu putzen oder Kisten zu packen, dann wirbelt sie den »Sand des Nils« an einer bestimmten Stelle auf. Wenn sie dabei auch noch höchst wachsam für die ersten Anzeichen einer neuen Richtung ist – und es kann durchaus mehr als nur eine sein –, so dass sie die geeignetste unterstützen kann, dann setzt sie sich voll und ganz für ihre Lebensmuster ein. Käme sie zu Ihnen mit dem Gedanken, jemanden vor Gericht zu bringen – auch ein Entsprechung für Pluto im Transit zum Deszendenten – würde dies ebenfalls den Start eines neuen Musters anzeigen, allerdings in einer bestimmten Ausdrucksform, die sie selbst eigentlich nicht anregen und steigern möchte, dann sollten Sie ihr dringend raten, diese Richtung besser nicht zu verfolgen.

In Ihrem Leben wächst das am meisten, in das Sie ihre Ener-gie stecken. Nähern Sie sich einer Zeit des Wandels, was durch astrologische Prognose angezeigt wird, und Sie verändern ganz bewusst Ihre Gewohnheiten ein wenig auf eine Art und Weise, die symbolisch für diese Veränderung ist (vorausgesetzt es ent-spricht der Qualität der vorhergesagten Wende), dann können Sie die von Ihnen gesuchten neuen Möglichkeiten beschleuni-gen. Sie müssen dann auf die kleinsten Anzeichen für das ge-wünschte neue Muster achtgeben und Ihre gesamte Energie in diese kleinen Gelegenheiten stecken.

Der Blick des Chaos-Astrologen auf das Schicksal

Da das Leben in seinen selbstähnlichen und skaleninvarianten Strukturen einem Fraktal gleichkommt, ist der Chaos-Astrologe in der Lage, das Leben eines Menschen wie einen Perserteppich zu betrachten, der komplex, ausgeklügelt und schön ist, aber auch vorhersagbare Elemente enthält. Die homöostatischen Tendenzen des Klienten werden bedingen, dass sie an ihren eigenen Mustern festhalten und die Verästelungen und Bilder ihrer Vergangenheit reproduzieren. Dementsprechend befindet sich ein Klient, der sich gegen einen Umschwung wehrt (der in seinem fraktal-ähnlichen Raum lebt), in den Augen eines Chaos-Astrologen in einer Lebensphase, in der Ereignisse klarer definiert werden und damit sowohl hinsichtlich der zeitlichen Abstimmung als auch bezüglich der Art des Ereignisses eindeutiger zu prognostizieren sind. Ähnlich kann man einen Perserteppich anschauen und die Formen der sich abzeichnenden Muster vorhersehen. Dieser Klient wird seinen Schicksalsmustern folgen, wie wir schon in dem Kapitel *Leben in einem Fraktal* gesehen haben. Allerdings erreichen wir alle irgendwann den Tipping Point (die Bifurkation der Chaos-Theorie), an dem sich unser Leben auf eine nicht vorhersagbare Manier ändern kann. Ein Wendepunkt im Leben eines Klienten ist so, als ob sich das Teppichmuster plötzlich in ganz neuen Farben entfaltet.

Den Erkenntnissen der Komplexität zufolge wäre der tatsächliche Zustand der Wende in dem Muster nicht vorhersagbar, aber der Chaos-Astrologe wird dem nicht gänzlich zustimmen. Für den Astrologen wird der Zeitpunkt dieses Umschwunges durch markante prognostische Ereignisse signalisiert (z.B. wichtige Transite oder Progressionen). Der Astrologe ist auch in der Lage, die Qualität und die Rohnatur der möglichen neuen Struktur anhand des Geburtshoroskops zu beurteilen, allerdings ohne eine gänzliche Sicherheit in der Prognose zu suchen, denn das »Erwartete« (die Fortführung des Musters) ist genau das, was *nicht* eintreffen wird.

Dies hat weitreichende Auswirkungen auf die praktische Arbeit des Chaos-Astrologen, denn es beinhaltet, dass der von dem Klienten bevorzugte Weg nur zwischen den Tipping Points mit einer gewissen Genauigkeit gemessen werden kann. Infolgedessen kann der Chaos-Astrologe in das Geburtshoroskops eines Kindes schauen und herauslesen, dass es sich zu einem Leben voller Ehrgeiz und Kraft hingezogen fühlt. Ferner könnte man sich die Situation anschauen, in die das Kind hineingeboren wurde – z. B. Erwartungen und Rückhalt der Familie – und die möglichen Ausdrucksformen dieses kraftvollen Horoskops deuten, also dass der Geborene z.b. eine führende Rolle in seinem gesellschaftlichen Umfeld einnehmen wird oder erfolgreich die Nachfolge in dem Familienunternehmen antreten wird. Der Astrologe kann aber durch den Blick in das Horoskop nicht die Geburt eines neuen »Napoleon« ankündigen. Denn es sind die Reaktionen des Geborenen auf die Tipping Points oder Bifurkationen, die das endgültige Ergebnis seines Lebens hervorbringen. Die eine Zusammenstellung an Möglichkeiten ergibt das Leben eines »Napoleon«, während eine andere Auswahl aus dem Horoskop die Geschichte eines ehrgeizigen Familienoberhauptes zuwege bringt.

Deswegen wird der Chaos-Astrologe im Leben eines Klienten zwei verschiedene Perioden sehen: einerseits die Phase der gewohnten Bahnen und andererseits die Phase, wenn ein Tipping Point durchschritten wird. Steht der Patient noch in der Phase der gewohnten Begebenheiten, dann kann man Vorhersagen mit größerer Klarheit treffen.

Der Chaos-Astrologe kann die astrologischen Prognoseinstrumente auch dazu verwenden, um die Zeitpunkte und Themenbereiche der zukünftigen Tipping Points zu lokalisieren und zu signalisieren, ja er kann den Klienten auch dabei unterstützen, sich aktiv für die Mitgestaltung seiner Zukunft zu engagieren. Allerdings kann der Astrologe zwar die Qualität der entstehenden neuen Ordnung deuten, er ist jedoch »blind« für die konkreten Ereignisse, die sich an einem Tipping Point entwickeln können.

Denn an diesen Wendepunkten des Lebens existiert nach wie vor der freie Wille der Person. Am Tipping Point kann der Klient seinen freien Willen mit den Wahlmöglichkeiten, die ihm die astrologische Prognose angeboten hat, mischen und neue Muster schaffen. Sind diese neuen Muster erst einmal erzeugt, so werden sie erneut nach Homöostase suchen und zu einem beständigeren und besser vorhersagbaren Zustand zurückkehren. Der Klient muss zuerst die zukünftigen neuen Muster aus der Leere hervorholen, bevor der Astrologe anfangen kann, in diesen zu lesen.

Die Rolle des Chaos-Astrologen – ein letzter Punkt

Der Astrologe sollte ein inneres Verständnis für die vollkommene Einheit aller Lebewesen und nichtlebenden Systeme haben und deswegen das Leben seiner Klienten als einen Teil des sich entfaltenden Fraktals jener Person innerhalb der Geschichte ihrer Familie und ihrer Gesellschaft betrachten. Im Rahmen dieser Sichtweise wird der Astrologe sowohl das Bedürfnis des Klienten nach Beibehaltung seiner Lebensmuster als auch die große Empfindlichkeit dieser Strukturen bei der Veränderung an den Wendepunkten verstehen. Folglich weiß der Astrologe, dass es zu gewaltigen Veränderungen führen kann, wenn es ihm gelingt, dem Klienten im richtigen Moment zu einer noch so kleinen Umstellung zu verhelfen. Gleichzeitig kann er den Klienten unterstützen, sich durch Wiederholungen und persönliche Rituale aktiv an der Mitgestaltung der Leere zu beteiligen. Aber der Astrologe wird stets bewusst leise auftreten, mit Feingefühl und Respekt für die Eigenheiten des Klienten, denn unvorsichtige und allzu feste Schritte könnten ein unerwünschtes Ergebnis an der Bifurkation zur Folge haben.

Durch Anwendung der Prinzipien des Chaos kann der Astrologe dem Klienten auch helfen, interessantere und erfüllendere Teile seiner eigenen Persönlichkeitsmuster zu erforschen und auf diese Weise andere Landschaften, andere Gipfel und andere ihm zur Verfügung stehende Alternativen anzuschauen.

Als eine Schlussfolgerung dieses Buches können wir erkennen, dass die Vorherrschaft von Logik und Ordnung uns wurzellos in einer reduktionistischen Welt zurückgelassen hat. Wir glauben, wir hätten uns in dieser Welt unter Kontrolle, aber in Wirklichkeit sind wir lediglich auf die Rolle von Zuschauern reduziert worden. In dieser Rolle wundern wir uns über unsere Lebensmuster und haben dabei nur ein Orakelbuch oder unsere Hoffnung als Führung. Wenn wir jedoch die Gedanken der Chaos-Theorie in die Astrologie aufnehmen, gewinnen wir ein wertvolles Instrument, um vollkommener mit diesen Lebensmotiven umgehen zu können. Denn die Chaos-Astrologie bringt uns weg von der Rolle des Zuschauers und versetzt uns in die Rolle des Töpfers an der Scheibe unseres Lebens. Wie die alte ägyptische Schöpfergottheit *Khnum* können auch wir beginnen, die Muster auszuwählen, die sich im Sand des Nils abzeichnen und den Ton unseres Lebens mit eigenen Händen formen.

Astrologen beschäftigen sich schon sehr lange damit, die Entwicklung des Leben zu verstehen. Nun sieht es aufgrund der Chaos-Theorie so aus, als ob der besondere astrologische Zugang zum Leben nicht mehr ganz so merkwürdig wäre.

Die Astrologie kann helfen, mitten im Chaos immer wieder ein Zuhause zu finden.

Danksagung

Ich möchte Michael York danken, nicht nur weil er mich in das Denken der Chaostheorie und der Komplexitätsforschung einführte, sondern vor allem auch für seinen Enthusiasmus beim Verfolgen der Thematik dieses Buches. Auch Patrick Curry half mir mit seinen zweifelnden Fragen und philosophischen Einsichten, so dass ich meinen ursprünglichen Eingebungen eine sinnvollere Beweisführung zuteil werden lassen konnte. Ebenso geht mein Dank an Nick Campion für die unzähligen Kannen Earl-Grey-Tees während unserer Diskussionen zur Geschichte der Astrologie, sowie an Irene Earis für ihr Zuhören, ihre Einsichten und ihre Ermutigungen. Schließlich möchte ich auch Darrelyn Gunzburg danken, deren beständige, scharfsinnige Fragen viele neue Denkstrukturen in meinem Geist auslösten.

Über die Autorin

Bernadette Brady (1950) ist seit 1980 als Astrologin tätig und leitete über viele Jahre hinweg die australische Astrologenvereinigung. Heute lebt sie in England, wo sie neben ihrer Unterrichtstätigkeit vor allem als Entwicklerin der Software *Starlight* tätig ist. Sie ist Mitinhaberin von Astrologos, einer Firma, welche die *Studyshops* (Astrologie-DVDs) verlegt. An der Baths Spa University schloss sie ihr Studium in Kulturastronomie und Astrologie ab. Neben der antiken Astrologie sind die Fixsterne ihr Arbeitsschwerpunkt. Sie hat mehrere Bücher geschrieben und ist eine gern gesehene Referentin bei Kongressen in Amerika, Australien und Europa.
Bei der United Astrology Conference in Denver 2008 wurde ihr für das vorliegende Buch der Regulus Award in der Kategorie »Theorie und Verständnis« verliehen.

Glossar

Attraktoren: Es gibt drei Arten von Attraktoren:
 – Punkt-Attraktoren: Dies ist ein System, das ein stabiles Gleichgewicht erreicht, wie z.B. das Pendel einer Uhr.
 – Periodische Attraktoren: Dies ist ein System mit einer periodischen Schwankung. Die um die Sonne kreisenden Planeten, bewegen sich um den Attraktor, aber treffen nicht auf ihn.
 – Seltsame Attraktoren: Diese entsprechen chaotischen Systemen. Das Verhalten eines Partikels oder Objekts scheint chaotisch zu verlaufen. Wird es jedoch analysiert, so stellt man fest, dass das Objekt sich um einen seinerseits in Bewegung befindlichen »Kern« bewegt. Die Bewegung oder unterschiedliche Positionen von Objekt und »Kern« verursachen hochkomplexe Muster.

Attraktionssenke. Der Einflussbereich eines Attraktors. Bei einem Trichter (d.i. ein Punkt-Attraktor) ist dessen Innenseite die Attraktionssenke.

Bifurkation und Hopf-Bifurkationen. Punkte in einem nichtlinearen, dynamischen System, an dem Veränderungen auf das Verhalten des Systems auftreten. Eine Hopf-Bifurkation tritt auf, wenn das System dabei versagt, sich selbst zu stabilisieren, was zu einer Kaskade von Bifurkationen führt. Siehe auch *Tipping Point*, die Entsprechung der Bifurkation in der Komplexitätsforschung.

Chaos. Der Begriff, so wie er in der Chaosforschung verwendet wird, bezieht sich auf das deterministische Chaos, welches ein System beschreibt, das zufällig zu sein scheint, das aber den Regeln einer deterministischen Dynamik folgt und neue Strukturen aufbaut. Im Gegensatz dazu tritt das entropische Chaos ein, wenn die Ordnung verloren ist und nichts Neues entsteht.

Entropie ist ein Begriff, den Rudolf Clausius (1822-1888), ein deutscher Physiker und Mathematiker einführte, um die Zerstreuung von Energie in Hitze und Reibung zu messen. Je größer die Entropie eines Systems, um so größer ist die Verteilung der Energie innerhalb des Systems.

Fraktale sind Bilder, die entstehen, indem man die Ergebnisse von Gleichungen zeichnet, die in den Zustand des Chaos gebracht werden und den man Iteration nennt. Das Ergebnis einer Gleichung wird in dieselbe Gleichung als neue Variable eingespeist. Das Ergebnis einer iterierten Gleichung wird sich entweder in der Unendlichkeit verlieren oder eine Ordnung erzeugen. Das Ergebnis der Ordnung ergebenden Gleichung wird als visuelle Darstellung ausgedruckt, die Mandelbrot als ein Fraktal bezeichnete. Diese beobachtbaren Gebilde des Fraktals sind die Muster, die sich spontan am »Rand des Chaos« bilden.

Häufungspunkt. Ein Punkt in dem System, an dem eine Bifurkation eintreten kann. Siehe auch unter *Phasenporträt*.

Homöostase. Eine Einheit, die gegen geringste Störungen resistent ist. Attraktoren ergeben eine homöostatische Situation. In einem Großsystem kanalisiert der Attraktor eine große Attraktionssenke, und so hat jede Veränderung einer einzelnen Komponente in dieser großen Attraktionssenke wenige Auswirkungen auf das Netzwerk. Aber eine Einheit innerhalb eines begrenzten Umfeldes und mit einer kleinen Attraktionssenke kann fortwährend durch geringe Störungen verändert werden. Gibt man zum Beispiel eine weiße Maus unter eine Population von 10.000 grauen Mäusen, dann ist ihr Einfluss auf die Genetik minimal. Die Mäusepopulation befindet sich in einer Homöostase. Mischt man allerdings dieselbe Population mit 2000 weißen Mäusen, dann werden die Auswirkungen auf die Genetik sehr viel erheblicher sein, d.h. diese Population würde sich nicht mehr in einer Homöostase befinden. Jedes System, das keine Homöostase hat, wird als chaotisch angesehen.

Imaginäre Zahlen. Dies sind Zahlen, die außerhalb des Zahlenraums der »reellen Zahlen« existieren. Zum Beispiel ist die Quadratwurzel von 25 entweder 5 oder −5, da wir sagen, dass 5 x 5 = 25 oder −5 x − 5 = 25 ist. Suchen wir dagegen die Quadratwurzel einer negativen Zahl, wie z.B aus −25, dann können wir diese nicht lösen. Aus diesem Grund wurden die imaginären Zahlen geschaffen. Die Wurzel aus −25 ergibt im imaginären Zahlensystem -5 oder 5i. Folglich kann diese Zahl also Qualität und Quantität in sich tragen, denn sie behalten sowohl den positiven und als auch den negativen Wert bei. Die imaginären Zahlen spielen eine wichtige Rolle bei physikalischen oder technischen Berechnungen, aber auch bei den Fraktalen.

Imaginäre Zahlen kann man mit reellen Zahl kombinieren, um sogenannte komplexe Zahlen zu erzeugen. Die Skala der komplexen Zahlen kann auf einer Cartesischen Ebene gezeichnet werden, um Fraktale zu erzeugen. Der gesamte Satz all dieser komplexen Zahlen, die alle ein geschlossenes Muster erzeugen, bildet die Grundlage für das M-Set.

Iteration. So nennt man den Prozess, bei dem die Ergebnisse einer Gleichung wieder in dieselbe Formel eingespeist werden, um dann die Aufgabe nochmals zu lösen. Wenn bestimmte Gleichungen »iteriert« werden, lassen sie Chaos entstehen.

Komplexität. Eine Phasenmembran, die zwischen Stase (keine Veränderung) und Chaos (alles in Veränderung) existiert. In dieser Phase ergibt sich die spontane Ordnung, welche die Komplexität in dem System steigert. Die Komplexitätsforschung arbeitet mit offenen Systemen wie Umgebungen oder

Gemeinschaften, in denen die einzelnen Variablen nicht verstanden oder kontrolliert werden können.

Lock-In. Ein Begriff, der in der Komplexitätsforschung verwendet wird, um anzuzeigen, dass ein bestimmtes Muster ein hohes Maß an Homöostase hat, da es durch eine Kultur dominant wurde. Das QWERTY-Keyboard der Schreibmaschine bzw. des PC ist ein Beispiel für ein Lock-In. Zunächst wurde es entworfen, um sicherzustellen, dass Buchstaben, die im Englischen häufig zusammen verwendet werden, nicht zu nah nebeneinander auf der Tastatur stehen, damit die mechanischen Tasten sich nicht verklemmen. Diese Tastatur ist inzwischen der universelle Standard. Sie hat das Lock-In erreicht. Wir erfahren individuell ein Lock-In, wenn wir uns mit persönlichen Verhaltensmustern befassen oder diese ändern wollen. Ein Verhaltensmuster ist ein Verhalten, das Lock-In erreicht hat. Wenn es mit unserer homöostatischen Wesensart verknüpft ist und zur Gewohnheit geworden ist, dann ist es schwierig, diese Gewohnheit wieder zu verändern.

Phasenporträt. Eine Karte, die die Attraktoren und Attraktionssenken des Systems identifiziert und diese in Begriffen ihrer topologischen Charakteristika klassifiziert. Das Ergebnis ist ein dynamisches Bild des gesamten Systems, das man Phasenporträt nennt.

Ein einfaches Beispiel für ein Phasenporträt ist der Plan eines Golfplatzes mit den 18 Löchern als Attraktoren, zu denen alle weiße Bälle hingezogen werden. Der Rasen und die Fairways sind die Attraktionssenken – der Bereich, der die Bälle zu den Attraktoren hinzieht. Den Abschlags könnte man für die Häufungspunkte halten – die Stelle, an der Veränderungen geschehen. Die Bunker und Roughs könnten der Bereich des entropischen Chaos sein, wo die Bälle niemals wieder erscheinen. Der Plan des gesamten Golfplatzes entspricht dem Phasenporträt. Dieses ignoriert selbstverständlich die Wetterbedingungen und die spielerischen Fähigkeiten des Golfspielers, welche man als sensitive Abhängigkeit von den Anfangswerten (SDIC) des chaotischen Systems bezeichnen könnte.

Rand des Chaos. Dies ist der Ort zwischen Stagnation und totaler Veränderung, an dem eine neue Ordnung entsteht. Trotz der Bezeichnung »Rand des Chaos« ist dies kein Bereich, an dem man in völlige Unordnung läuft, sondern eher eine Stelle, die man aufsuchen kann, um die Beziehungen und Informationen, die in einem System fließen, zu intensivieren. Diese neue Eingabe lässt spontan eine neue Ordnung entstehen, die ohne äußeren Eingriff entsteht. Dies ist der Ort, an dem alle neuen Ordnungen entstehen.

Skaleninvarianz. Das Merkmal eines Fraktals, das die gleichen Formen unabhängig von der Skala erzeugt. Dies ist auch eine Grundeigenschaft der Natur, die gleiche Formen von Mikro zu Makro aufweist. In den Humanwissenschaften gibt es z.B. das Merkmal, dass eine Familiengeschichte ähnlich verläuft wie die Geschichte eines Landes, die Ereignisse rund um die Lieblinge der Familie reflektieren die Finanzen der Familie usw. Selbstähnlichkeit und Skaleninvarianz sind in der Chaos-Theorie die Mittel, welche die Vorstellung von Omen, Aberglauben und Divination ergeben.

Selbstähnlichkeit. Das Merkmal eines Fraktals, das fortwährend die gleichen Formen bildet. In den Humanwissenschaften ist dies z.B. die Besonderheit einer Familie oder einer Person, um das Wiedererscheinen von Mustern zu erfahren.

Sensitive Abhängigkeit von den Anfangswerten oder abgekürzt SDIC (Sensitive Dependence to Initial Conditions). Ein Begriff in der Chaos-Theorie, der behauptet, dass die geringsten Abweichungen der Anfangsbedingungen in einem komplex vernetzten System am Ende unverhältnismäßige Differenzen entstehen lässt. Siehe hierzu auch den Begriff *Phasenporträt* für einen Überblick über Attraktoren, Attraktionssenken, Häufungspunkte und SDIC. Die Komplexitätstheorie verwendet das Prinzip der SDIC nicht, da die Komplexität mit offenen Systemen arbeitet, bei denen die Anfangsbedingungen nicht eingeplant werden können. Dagegen akzeptiert die Komplexität die Auswirkungen des *Tipping Points*, der besagt, dass ein minimales lokales Ereignis globale Auswirkungen haben kann.

Tipping Point. So benannt von Malcolm Gladwell. Ein winziges Ereignis, das lokal in einer »super-übersättigten« Situation vorkommt und dadurch in eine neue Ordnung gestoßen wird, sei es auf der persönlichen oder der globalen Ebene. Dieses Ereignis mag unerheblich und bedeutungslos sein, es wirkt aber wie ein Katalysator, der eine Kaskade von Veränderungen auslöst. Die Komplexitätsforschung betrachtet Tipping Points als den Zeitpunkt, an dem das gesamte System sich in eine neue Ausdrucksform verändert, während die Chaostheorie, die mit geschlossenen oder halbgeschlossenen Systemen arbeitet, dies als Hopf-Bifurkation auffasst.

Topologie. Dies ist die mathematische Untersuchung der Eigenschaften geometrischer Körper, die durch Verformungen nicht verändert werden. Dazu gehört das Dehnen, Stauchen, Verbiegen, Verzerren, Verdrillen eines Gegenstands. Es geht dabei mehr um die Untersuchung der Eigenschaften von »Ganzheit« als um die Teile. Eine zentrale Idee dabei ist, dass man räumliche Körper wie Kreise oder Kugeln als eigenständige Objekte behandelt. Das Wissen von diesen Objekte ist unabhängig davon, wie diese in der Umgebung repräsentiert« oder »eingebettet« sind. Beispielsweise trifft die Feststellung «Wenn man einen Punkt von einem Kreis entfernt, erhält man eine Sehne" nicht nur auf einen Kreis sondern auch auf eine Ellipse zu und sogar auf verdrehte oder verknotete Kreise, da sich diese Feststellung lediglich auf topologische Eigenschaften bezieht.

Bibliografie

F. D. Abraham, R. D. Abraham, C. D. Shaw. *A visual introduction to dynamical systems theory for psychology*. Santa Cruz (CA) 1990.

R. Abraham. *Chaos – Gaia – Eros*. New York, San Francisco 1994.

Per Bak. *How Nature Works – The Science of Self-Organized Critically*. New York 1996.

Gregory Bateson. *Mind and Nature – A necessary unity*. New York 1979.

J. F. Bierlein. *Parallele Myths*. New York 1994.

R. F. Blackerby. *Applications of Chaos Theory to Psychological Models*. Austin 1993.

Guido Bonatti. *Liber Astronomiae Part II*. Berkeley Springs 1994.

Bernadette Brady. *Brady's Book of Fixed Stars*. Maine 1998.

Bernadette Brady. *The Eagle and the Lark – A Textbook of Predictive Astrology*. Maine 1992.

Bernadette Brady. »2001 Cycles of Growth and Expansion«, in: *Astrolog* (Sydney 2001).

J. Briggs, F. D.Peat. *The Turbulent Mirror – An Illustrated Guide to Chaos Theory and the Science of Wholeness*. New York 1989.

Michael Butz. *Chaos and Complexity – Implications for Psychological Theory and Practice*. Washington DC, 1997.

A. B. Cambel. *Applied Chaos Theory: A Paradigm for Complexity*. Boston 1993.

Nicholas Campion. *An Introduction to the History of Astrology*. London 1982.

Nicholas Campion. *The Great Year. Millenarianism and History in the Western Tradition*. London 1994.

Fritjof Capra. *Das Lebensnetz – Ein neues Verständnis der lebendigen Welt*. Bern, München, Wien 1996.

Roy Chamberlain, Herman Feldman. *The Dartmouth Bible*. Boston 1950.

Frederick Copleston SJ. *A History of Philosophy*. New York 1962.

E. Corcoran. «*The Edge of Chaos*», in: *Scientific American 267*.

Geoffrey Cornelius. *The Moment of Astrology – Origins in Divination*. Bournemouth 2003.

Patrick Curry. *Prophecy and Power – Astrology in Early Modern England*. New Jersey 1989.

Paul Davies. *The New Physics*. New York 1989.

Françoise Dunand, Christine Zivie-Coche. *Gods and Men in Egypt – 3000 BCE – 395 CE*. London 2004.

Reinhold Ebertin. *Kombination der Gestirneinflüsse*. Tübingen 2002.

Mircea Eliade. *Schöpfungsmythen*. Düsseldorf 2002.

Henri Frankfort. *The Birth of Civilization in the Near East*. New York 1956.

Marie Louise von Franz. *Wissen aus der Tiefe. Über Orakel und Synchronizität*. München 1987.

Marie Louise von Franz. *Psyche und Materie*. Zürich 1988.

R. E. Friedman. *Who Wrote the Bible?* San Francisco 1977.

Michel Gauquelin. *L'Influence des Astres*. Paris 1955.

Fred Gettings. *Dictionary of Astrology*. London 1985.

Malcolm Gladwell. *The Tipping Point – Wie kleine Dinge große Veränderungen bewirken können*. München 2006.

James Gleick. *Chaos: Making a new Science*. New York 1997.

Stephen Gould. *Time's Arrow, Time's Cycle: Myth and Metaphor in the Discovery of Geological Time*. Cambridge MA 1987.

Stephen Gould. *Wonderful Life: The Burgess Shale and the Nature of History*. New York 1989.

Liz Greene. *Astrologie und Schicksal: Die Familie im Horoskop*. Tübingen 2007.

Liz Greene. *Uranus im Horoskop*. Tübingen 1998.

John Gribbins. *In Search of Schroedinger's Cat*, London 1984.

F. Guirand. *Egyptian Mythology*. New York 1965.

Darrelyn Gunzburg. *Life after Grief: An Astrological Guide to Dealing with Death*. Bournemouth 2004.

Roger Hahn. *Pierre Simon Laplace 1749-1827: A Determined Scientist*. Cambridge MA 2005.

Hastings Nancy Anne. Progressionen – Ein praxisorientiertes Deutungsbuch. Wettswil 1990.

Michael Hauskeller. *»Telos: The Revival of an Aristotelian Concept in Present Day Ethics«*, in: *Inquiry* Februar 2005.

James Hillman. *Charakter und Bestimmung – Eine Entdeckungsreise zum ndividuellen Sinn des Lebens.* München 2002.

John Holland. *Hidden Order: How Adaptation Builds Complexity.* Reading MA 1995.

Jim Holt. *«Beyond the Standard Modell«*, in: *Scientific American, April 2006.*

David K. Hurst. *Crisis and Renewal: Meeting the Challenge of Organizational Change.* Boston 1995.

Robert Jervis. *System Effects: Complexity in Political and Social Life.* Princeton 1997.

Robert Johnson. *Owing your Own Shadow: Understanding in the Dark Side of the Psyche.* New York 1991.

Sean A. Kane. *Wisdom of the Mythtellers*. Ontario 1998.

Immanuel Kant. *Kritik der Urteilskraft.* Stuttgart 1971.

Stuart Kauffmann. *»Antichaos and Adaption«*, in: *Scientific American 246(2) 1991.*

Stuart Kauffmann. *At Home in the Universe: The Search for the Laws of Self-Organization and Complexity.* New York 1995.

Stuart Kaufmann. *The Origins of Order. Self-Organization and Selection in Evolution.* New York 1993.

William Keepin. »*Astrology and the New Physics*«, in: *The Mountain Astrologer August/September 1995*.

S. H. Kellert. *In the Wake of Chaos: Unpredictable Order in Dynamical Systems*. Chicago 1993.

Johannes Kepler. *Astronomia Nova*. Wiesbaden 2005.

L.W.King. *The Seven Tables of Creation:The Babylonian and Assyrian Legends Concerning the Creation of the World and the Mankind*. Montana 1902.

James W. Kirchner. »*The Gaia Hypothesis: Can it be Tested?*«, in: *Reviews of Geophysics 27, 1989*.

Arthur Koestler. *Die Nachtwandler – Das Bild des Universums im Wandel der Zeit*. Bern, Stuttgart 1959.

Eduard König. Hebräisches und aramäisches Wörterbuch zum Alten Testament. Leipzig 1910.

J. Ladyman. »*What is Structural Realism?*«, in: *Studies in History and Philosophy of Science 29, 1998*.

Bruno Latour. *We Have Never Been Modern.* Cambridge MA 1991.

Alan Leo. *The Progressed Horoscope.* New York 1923.

Edward Lorenz. »*Deterministic nonperiodic flow*«, in: *Journal of Atmospheric Sciences, Vol. 20, 1963.*

James Lovelock. *Gaia : Die Erde ist ein Lebewesen. Anatomie und Physiologie des Organismus Erde.* München 1996.

James Lovelock. *Das Gaia-Prinzip: Die Biographie unseres Planeten.* Frankfurt 1995.

J. V Luce. *An Introduction to Greek Philosophy*. London 1992.

Ramon Lull. *Treatise on Astronomy.* Berkeley Springs 1994.

Klaus Mainzer. *Thinking of Complexity: The Complex Dynamics of Matter, Mind and Mankind.* London 1994.

Bryan Magee. *The Great Philosophers*. London 1987.

Benoît Mandelbaum. *«A geometry able to include mountains and clouds"*, in: *The Colours of Infinity*. London 2004.

Benoît Mandelbrot. *Fractals: Form, Chance and Dimensions.* San Francisco 1977.

V. Mansfield. *Synchronicity, Science and Soul Making: Under-*

standing Jungian Synchronicity through Physics, Buddhism and Philosophy. Chicago 1995.

Anthony Mansueto. *»Cosmic Teleology and the Crisis of the Sciences«*, in: *Philosophy of Science.* Boston 1998.

Humberto Maturana und Francisco Varela. *The Tree of Knowledge*, Boston 1987, (dt. *Der Baum der Erkenntnis. Die biologischen Wurzeln des menschlichen Erkennens.* Bern und München 1987).

Lynne McTaggart. *The Field.* Hammersmith 2001.

Michael Meyer. *A Handbook for the Humanistic Astrologer.* New York 1974.

C. Middleton, G. Fireman, R. Di Bello. *«Personality traits as strange attractors"*, in: *Inaugural Meeting for the Society for Chaos Theory in Psychology.* San Francisco 1991.

Gareth Morgan. *Images of Organization.* Thousand Oaks (CA) 1997.

Jean Baptiste Morin. *Astrologia Gallica: Book Twenty Two Directions.* Tempe 1994.

Erich Neumann. *The Origins and History of Consciousnes. Bollingen Series XLII, 1995*, (dt. *Ursprungsgeschichte des Bewusstseins*, Düsseldorf 2004).

James Olney. *The Rhizome and The Flower. The Perennial Philosophy – Yeats and Jung.* Berkeley 1980.

Simo Parpola. *Letters from Assyrian Scholars to the King Esarhaddon and Assurbanipal, Part I.* Kevelaer 1970.

Garry Phillipson. *Astrology in the Year Zero.* London 2000.

Robert Poole. *«Is It Chaos, or Is It Just Noise?"*, in: *Science 243*, 1989.

Ilya Prigogine. *From Being to Becoming: Time and Complexity in the Physical Sciences.* San Francisco 1980. (dt. *Vom Sein zum Werden: Zeit und Komplexität in den Naturwissenschaften.* München 1992)

Ilya Prigogine. *The End of Certainity: Time, Chaos and the New Laws of Physics.* New York, 1997.

Ilya Prigogine, Isabelle Stengers. *Order out of Chaos: Man's*

New Dialogue with ature, New York 1984. (dt. *Dialog mit der Natur: neue Wege naturwissenschaftlichen Denkens.* München 1990)

Claudius Ptolemäus. Tetrabiblos, Tübingen 2000.

Erica Reiner. *»Babylonian Celestial Divination«*, in: *Ancient Astronomy and Celestial Divination.* London 1999.

Francesca Rochberg. *Babylonian Horoscopes.* Philadelphia 1998.

Dane Rudhyar, Leyla Rael-Rudhyar. *Der Sonne/Mond-Zyklus – Ein Schlüssel zum Verständnis der Persönlichkeit.* Wettswil 1988.

Bertrand Russel. *History of Western Philosophy.* London 1961.

Howad Sasportas. *Uranus, Neptun und Pluto im Transit – Die Götter des Wandels.* Tübingen 2005.

Robert Segal. *Myth, a very Short Introduction*, Oxford 2004.

Mary Settegast. *Plato Prehistorian: 10.000 to 5.000 B.C. Myth, Religion, Archeology.* New York 1990.

William Shakespeare. *Hamlet.* Heidelberg 1987.

Drake Stillman. *Galileo.* Oxford 1996.

Richard Tarnas. *Idee und Leidenschaft: Die Wege des westlichen Denkens.* München 1999.

P. Teller. *»Quantum Mechanics and Haecceities«*, in: E. Castellani (Hrsg.) *Interpreting Bodies: Classical and Quantum Objects in Modern Physics.* Princeton 1988, S. 114-141.

Jim Tester. *A History of Western Astrology.* Woodbridge 1987.

C. Trungpa. *Das Mandala in uns: Die buddhistische Sicht der inneren Ordnung.* München 2004.

John van Eenwyck. *Archetypes and Strange Attractors.* Toronto 1997.

Francisco Varela und Humberto Maturana. *Autopoiesis and Cognition.* Dordrecht 1980.

Mitchel Waldrop. *Complexity: The Emerging Science at the Edge of Order and Chaos.* New York 1992.

C. B. F. Walker, »A Sketch of the Development of Mesopotamian Astrology and Horoscopes", in: Annabella Kitson (Hrsg.). *A History of Western Astrology.* London 1989.

E.H. Walker. *The Physics of Consciousness: Quantum Minds and the Meaning of Life.* Cambridge 2000.

Warren Weaver. *Lady Luck, the Theory of Probability.* Harmondsworth UK, 1963.

Margrete J. Wheatley. *Leadership and the New Science. Learning about Organisation from an Orderly Universe.* San Francisco 1994.

Andrew D. White. *A History of Warfare of Science with Theology and Christendom.* London 1987.

Joanne Wieland-Burston. *Chaos and Order in the World of the Psyche.* Andover 1992.

Roy Willis und Patrick Curry. *Astrology, Science and Culture. Pulling Down to Moon.* New York 2004.

Bernard Williams. *»Plato – The invention of Philosophy"*, in: Ray Monk und Frederic Raphael (Hrsg.). *The Great Philosophers.* London 2001.

Arthur Young. *The Reflexive Universe.* New York 1976.

Anmerkungen

1 Die Bibel. Einheitsübersetzung, 1. Buch Moses, Kap.1 (www. bibel-online.net).

2 Andrew D. White. *A History of the Warfare of Science with Theology in Christendom*, S. 9.

3 Australische Schöpfungsmythen: http://www.dreamscape.com/ morgana/miranda.htm#Aus (Zugriff 30.09.2004).

4 Chinesische Schöpfungsmythen: http://www.dreamscape.com/ morgana/miranda.htm#HAW (Zugriff 30.09.2004).

5 Francoise Dunand, Christine Zivie-Coche. *Gods and Men in Egypt – 3000. BCE – 395 CE*, S. 46.

6 Pyramidentext, 1466, zitiert nach: Mircea Eliade. *Die Schöpfungsmythen.* Düsseldorf 2002, S. 40.

7 Mehr dazu in: Bernadette Brady. *Brady's Book of Fixed Stars*, S.305.

8 siehe auch: J. Briggs, F. D. Peat. *The turbulent Mirror: An illustrated Guide to Chaos Theory and the Science of Wholeness.*; James Gleick. *Chaos: Making a new Science*; Michael Butz. *Chaos and Complexity – Implications For Psychological Theory and Practice*, S. 207ff.

9 Sean A. Kane. *Wisdom of the Mythtellers*, S. 36.

10 Erica Reiner. »*Babylonian Celestial Divination*«, in: *Ancient Astronomy and Celestial Divination*, S. 23.

11 ebenda, S. 33.

12 Henri Frankfort. *The Birth of Civilization in the Near East*, S. 104.

13 Simo Parpola. *Letters from Assyrian Scholars to the King Esarhaddon and Assurbanipal, Part I.*, S. 255.

14 S. A. Kane. *Wisdom of the Mythtellers*, S. 14.

15 Nicholas Campion. *An Introduction to the History of Astrology*, S. 22; Erica Reiner. *Babylonian Celestial Divination*, S. 22.

16 Jim Tester. *A History of Western Astrology*, S. 13.

17 C. B. F. Walker. *A Sketch of the Development of Mesopotamian Astrology and Horoscopes*, in: Annabella Kitson. *A History of Western Astrology*. London 1989, S. 7-14.

18 L.W.King. *The Seven Tables of Creation:The Babylonian and Assyrian Legends Concerning the Creation of the World and the Mankind*, S. 104. – Anm. d. Übers.: Die deutsche Übersetzung dieser und auch der noch folgenden Stellen wurde entnommen aus: Mircea Eliade. *Schöpfungsmythen*, S. 134.

19 R. E. Friedman. *Who Wrote the Bible?* S. 246f.

20 vgl. Eduard König. Hebräisches und aramäisches Wörterbuch zum Alten Testament, S. 372.

21 R. Abraham. *Chaos – Gaia – Eros*, S. 125.

22 R. Abraham. *Chaos – Gaia – Eros*, S. 128.

23 Mircea Eliade. *Schöpfungsmythen*, S. 137.

24 Mircea Eliade. *Schöpfungsmythen*, S. 140.

25 R. Abraham. *Chaos – Gaia – Eros*, S. 129.

26 Offenbarung, 12:7-9, www.bibel-online.net.

27 M. Butz. *Chaos and Complexity – Implications for Psycho logical Theory and Practice*, S. 214.

28 zitiert nach K. Mainzer. *Thinking in Complexity: The Complex Dynamics of Matter, Mind and Mankind*, S. 17.

29 J. V Luce. *An Introduction to Greek Philosophy*, S. 99.

30 Bernard Williams. »*Plato – The invention of Philosophy* ", in: Ray Monk, Frederic Raphael (Hrsg.). *The Great Philosophers*, S. 88.

31 K. Mainzer. *Thinking of Complexity: The Complex Dynamics of Matter, Mind and Mankind*, S. 24-26.

32 J. V. Luce. *Introduction to Greek Philosophy*, S. 116.

33 Stuart Kauffman. *At Home in the Universe: The Search for the Laws of Self-Organization and Complexity*, S. 24 f.

34 Anthony Mansueto. »*Cosmic Teleology and the Crisis of the Sciences*«, in: *Philosophy of Science* (Online Journal http://www. bu.edu./wcp/Papers/Scie/ScieMans.htm – Zugriff 16.10.2004).

35 Ilya Prigogine, Isabelle Stengers. *Order out of Chaos: Man's New Dialogue with Nature*, S. 7.

36 K. Mainzer. *Thinking of Complexity: The Complex Dynamics of Matter, Mind and Mankind,* S. 29.

37 Drake Stillman. *Galileo,* S. 11.

38 zitiert nach Arthur Koestler. *Die Nachtwandler – Das Bild des Universums im Wandel der Zeit,* S. 343.

39 Fritjof Capra. *Das Lebensnetz – Ein neues Verständnis der lebendigen Welt,* S. 221.

40 Der *Laplace'sche Dämon* bezeichnet die erkenntnis- und wissenschaftstheoretische Auffassung, nach der es möglich ist, unter der Kenntnis sämtlicher Naturgesetze und aller Initialbedingungen jeden vergangenen und jeden zukünftigen Zustand zu berechnen.

41 zitiert nach: Roger Hahn. *Pierre Simon Laplace 1748-1827 – A Determined Scientist,* S. 52.

42 Poincaré erkannte, dass sich die Störungen des zusätzlichen dritten Körpers durch Rückkopplungen verstärken und so unvorhersagbare Veränderungen in den (weiterhin deterministischen und prinzipiell berechenbaren) Bahnen der beiden anderen Körper hervorrufen können.

43 Immanuel Kant. *Kritik der Urteilskraft.* Stuttgart 1971, S. 340.

44 J. Tester. *A History of Western Astrology,* S.3.

45 Bei den »Grenzen« handelt es sich um bestimmte Grade in den Tierkreiszeichen, die unter der Herrschaft einzelner Planeten stehen. Überliefert wurden diese aus der ägyptischen Tradition, der eigentliche Ursprung ist aber nicht bekannt. Ptolemäus beschreibt das ägyptische System, schlägt aber eine eigene Zuordnung vor, siehe: Claudius Ptolemäus. *Tetrabiblos,* S. 62ff.

46 Ramon Lull. *Treatise on Astronomy* S. 5ff.

47 Reinhold Ebertin. *Kombination der Gestirneinflüsse,* S. 17.

48 Michel Gauquelin. *L'Influence des Astres.* Sie auch: Michel Gauquelin, *Kosmische Einflüsse auf menschliches Verhalten,* Freiburg 1983, S. 94f.

49 Garry Phillipson. *Astrology in the Year Zero,* S. 144.

50 Frederick S. J. Copleston. *A History of Philosophy,* S. 216.

51 Siehe Garry Phillipson, *Astrology in the Year Zero.*

52 Roy Willis, Patrick Curry. *Astrology, Science and Culture. Pulling Down to Moon,* S. 89.

53 James Gleick. *Chaos: Making a New Science,* S. 65-69.

54 Edward Lorenz. »*Deterministic nonperiodic flow*«, in: *Journal of Atmospheric Sciences. Vol. 20, 1963*, S. 130-141.

55 I. Prigogine, I. Stenges. *Order out of Chaos: Man's New Dialogue with Nature*, S. 75.

56 Mitchel Waldrop. *Complexity: The Emerging Science at the Edge of Order and Chaos*, S. 17.

57 John van Eenwyck. *Archetypes and Strange Attractors*, S. 43.

58 Imaginäre Zahlen sind das Ergebnis der Quadratwurzel einer negativen Zahl. Es ist z.B. unmöglich, die Wurzel aus -25 im herkömmlichen Zahlensystem zu lösen. Im imaginären Zahlensystem ergibt dies -5 oder 5i. Eine komplexe Zahl ist die Kombination einer imaginären Zahl mit einer reellen Zahl.

59 Benoît Mandelbaum. «*A geometry able to include mountains and clouds*", in: *The Colours of Infinity*, S. 46.

60 J. van Eenwyck. *Archetypes and Strange Attractors*, S. 65.

61 R. Abraham. *Chaos, Gaia, Eros.*, S. 215; sowie M. Butz. *Chaos and Complexity – Implications for Psychological Theory and Practice*, S. 4.

62 The Fables of Aesop, London 2002, S. 91.

63 S. Mitchel Waldrop. *Complexity: The Emerging Science at the Edge of Order and Chaos*.

64 John van Eenwyck. *Archetypes and Strange Attractors*, S. 18.

65 Stuart Kauffman. »*Antichaos and Adaption*«, in: *Scientific American 246(2);* S. Kauffman. *At Home in the Universe: The Search for the Laws of Self-Organization and Complexity*, S. 15.

66 Malcolm Gladwell. *The Tipping Point – Wie kleine Dinge große Veränderungen bewirken können.*

67 William Shakespeare. *Hamlet*, 3. Akt, 1. Aufzug., S. 520.

68 siehe M. Butz. *Chaos and Complexity;* K. Mainzer. *Thinking in Complexity;* J. van Eenwyck. *Archetypes and Strange Attractors.*

69 Fritjof Capra. *Das Netz des Lebens – Ein neues Verständnis der lebendigen Welt*, S. 155f.

70 van Eeenwyk. *Archetypes and Strange Attractors*, S. 48.

71 Klaus Mainzer. *Thinking of Complexity: The Complex Dynamics of Matter, Mind and Mankind,* S. 264 – 265; I. Prigogine, I. Stenges. *Order out of Chaos: Man's New Dialogue with Nature*, S. 121; Michael Butz. *Chaos and Complexity – Implications for Psychological Theory and Practice*, S. 21.

72 In Anlehnung an Gilbert Ryle (1900-1976), der diesen Begriff erstmalig in seiner Attacke gegen den Dualismus bei Descartes verwandte.

73 John van Eeenwyck. *Archetypes and Strange Attractors,* S. 121.

74 Fritjof Capra. *Das Netz des Lebens – Ein neues Verständnis der lebendigen Welt*, S. 160.

75 siehe F. D. Abraham, R. H. Abraham, C. D. Shaw. *A Visual Introduction to dynamical systems theory for Psychology.*

76 John van Eenwyck. *Archetypes and Strange Attractors*, S. 115.

77 Stuart Kauffman. *At Home in the Universe: The Search for the Laws of Self-Organization and Complexity*, S. 209-211.

78 siehe John van Eenwyck. *Archetypes and Strange Attractors.*

79 Stuart Kauffman. *At Home in the Universe: The Search for the Laws of Self-Organization and Complexity*, S. 79.

80 F. D. Abraham, R. H. Abraham,C. D. Shaw. *A Visual Introduction to dynamical systems theory for Psychology*, S. 61.

81 Dane Rudhyar, Leyla Rael-Rudhyar.*Der Sonne/Mond-Zyklus – Ein Schlüssel zum Verständnis der Persönlichkeit*, S. 16 ff.

82 Bernadette Brady. *»2001 Cycles of Growth and Expansion«*, in: *Astrolog* Sydney 2001., S. 5-10.

83 Die Alchimie hatte ebenfalls diese einmalige Position inne, denn sie war eine Mischung aus Chemie und der göttlichen Frage, sie wurde allerdings nicht zum Zwecke der Vorhersage verwendet.

84 Paul Davies *»Undermining Free Will«*, in: *Foreign Policy, Ausgabe 144,* S. 36.

85 C. Middleton, G. Fireman, R. Di Bello. «Personality traits as strange attractors", in: *Inaugural Meeting for the Society for Chaos Theory in Psychology*, S. 19.

86 Humberto Maturana und Francisco Varela. *The Tree of Knowledge.* Boston 1987, S. 95. (deutsch: Humberto R. Maturana, Francisco J. Varela: Der Baum der Erkenntnis. Die biologischen Wurzeln des menschlichen Erkennens).

87 Fraktale Landschaften von http://ata-tenui.ifrance.com, Zugriff am 26.03.2006.

88 Liz Greene. *Uranus im Horoskop*, S. 167.

89 Dane Rudhyar, Leyla Rael-Rudhyar. *Der Sonne/Mond-Zyklus – Ein Schlüssel zum Verständnis der Persönlichkeit* S. 109.

90 James Hillman. *Charakter und Bestimmung – Eine Entdeckungsreise zum individuellen Sinn des Lebens*, S. 30f.

91 Persönliche E-Mail an die Autorin.

92 Warren Weaver. *Lady Luck, the Theory of Probability*.

93 Sally Lunn's House http://www.sallylunns.co.uk/new web site, Zugriff 23.01.2004.

94 J. V. Luce. *Introduction to Greek Philosophy*, S. 118.

95 Arthur Young. *The Reflexive Universe*.

96 Anthony Mansueto. *«Teleology and the Crisis of the Sciences"*, in: Philosophy of Science (Online Journal), http:// www.bu.edu/ wcp/Papers/Scie/ScieMans.htm, Zugriff 16.10.2004.

97 Michael Hauskeller. *»Telos: The Revival of an Aristotelian Concept in Present Day Ethics«*, in: *Inquiry*. Februar 2005, 48-1, S. 62-75.

98 Robert Segal. *Myth, a very Short Introduction*, S. 2.

99 John van Eenwyck. *Archetypes and Strange Attractors*, S. 67.

100 J. F. Bierlein. *Parallele Myths*.

101 S. Kauffman. *At Home in the Universe: The Search of the Laws of Self-Organization*, S. 15.

102 Bernadette Brady. *The Eagle and the Lark*.

103 Siehe: F. Dunand, C. Zivie-Coche. *Gods and Men in Egypt 2000 BCE to 395 CE*.

104 Siehe S. Kane. *Wisdom of Mythtellers*.

105 J. van Eenwyck, *Archetypes and Strange Attractors*, S. 113.

Standardwerke der Astrologie

LYNN BELL, DARBY COSTELLO, LIZ GREENE UND MELANIE REINHART

Mars im Horoskop

414 Seiten, gebunden, 32 Abbildungen

ISBN 3-89997-115-9

Mars, benannt nach dem antiken Kriegs-
gott, wird meistens mit Aggression und
Gewalt in Verbindung gebracht. In der mit-
telalterlichen Astrologie galt er sogar als Unglücksbringer. Aber
ohne die Energie und Antriebskraft des Mars wären wir passive Op-
fer, weil wir unfähig wären, uns zu verteidigen oder zu unseren
Überzeugungen zu stehen. Ob wir Mars im individuellen Horoskop
oder als eine dynamische Energie in der Gesellschaft ansehen, immer
ist es wichtig, sich mit dieser archetypischen Kraft auf positive Weise
in Beziehung zu setzen. Die vier Autorinnen zeigen Mars von seiner
besten und seiner schlechtesten Seite und beleuchten alle Facetten
dieses schillernden Planeten. Auf diese Weise erfahren Sie, wie wichtig es ist, dass Sie sich nicht vor seiner Kraft fürchten, und wie Sie mit
den Marsqualitäten bewusst und kreativ umgehen können.

*»In der Astrologie gibt es eine Tradition, die Mars gerne zum Übel-
täter abstempelt. Bis heute gab es jedoch noch kein Buch, das sich
ausschließlich mit Mars befasste und dabei seine hintergründige psychologische Dynamik so intensiv untersuchte.«* The Horoscope

CHIRON VERLAG

Standardwerke der Astrologie

ROBERT HAND

Traditionelle Astrologie

Ganzzeichenhäuser –
Tag- und Nachthoroskope
184 Seiten, Hardcover, 10 Abbildungen
ISBN 978-3-89997-157-6

Für einen Astrologen der Spätantike war die
wichtigste Frage bei der Interpretation eines
Horoskops: Wurde der Horoskopeigner bei
Tag oder bei Nacht geboren? Dieser Fra-
ge geht Robert Hand nach und zeigt anhand seines ausführlichen
Quellenstudiums, welche Deutungsvielfalt in diesem Ansatz liegt.
Im zweiten Teil befasst er sich mit dem ältesten Häusersystem,
den Ganzzeichenhäusern. Auch hier zeigt er anhand von sonst nur
schwer zugänglichen Quellen, wie sich die astrologischen Häuser
entwickelt haben.
Beide Methoden werden mit Horoskopbeispielen untermauert, so
dass Sie unmittelbar den praktischen Nutzen für Ihre eigenen Deu-
tungen erkennen können. Durch die gelungene Synthese aus Klas-
sik und Moderne hat Robert Hand ein wegweisendes Buch für die
Astrologie der Zukunft geschrieben.

»So wird dieses kleine Buch eine Fundgrube für Deutungsansätze, die
für viele moderne Astrologen so neu wie aufschlussreich sein dürften.
Es regt an zum eigenen Forschen und Experimentieren, handelt es
sich ja um Konzepte und Techniken, die unmittelbar und ohne wei-
tere Berechnungen aus dem Horoskop erkennbar sind.« Meridian

CHIRON VERLAG

Standardwerke der Astrologie

LIZ: GREENE

Schicksal und Astrologie

Die Familie im Spiegel des Horoskops

432 Seiten, Hardcover, 5. überarb. Aufl.,
23 Abbildungen

ISBN 978-3-89997-148-4

Besteht ein erkennbarer Zusammenhang zwischen Horoskopen von Familienmitgliedern über mehrere Generationen hinweg? Liz Greene geht dieser Frage anhand von Fallbeispielen nach. Ebenso analysiert sie Lebensläufe und Horoskope von Menschen, die vom Schicksal stark gezeichnet zu sein scheinen. In Verbindung hiermit untersucht die Autorin, was Schicksal eigentlich bedeutet. Haben wir einen freien Willen oder sind es die Götter oder die Erbanlagen, die uns bestimmen? Novalis sagte, Schicksal und Seele seien zwei Namen für das gleiche Prinzip. Mit diesem Buch können Sie einen Zugang zu Ihren eigenen Schicksalskräften finden.

»Die Bedeutung und die Verbindung der einzelnen Horoskope von Familienmitgliedern über mehrere Generationen hinweg werden hier anschaulich dargestellt. Mittels praktischer Beispiele und einer breiten Schilderung der Methodik bietet Liz Greene ein Füllhorn an Informationen für alle, die die inneren Abhängigkeiten und Verstrickungen im Familiensystem durch klare Analyse begreifen möchten. Sie holt bei ihren Ausführungen sehr weit aus und zeigt, wie man die Problematik immer mehr einkreist, bis man zum archetypischen Schlüssel gelangt, der das jeweilige Familiensystem aufschließt.«

Astrologie Heute Nr. 133

CHIRON VERLAG

DR. THEODOR LANDSCHEIDT

Astrologie

Hoffnung auf eine Wissenschaft?

Vorwort von Prof. H.-J. Eysenck

336 Seiten, Paperback,
zahlreiche Abbildungen.

ISBN 978-3-937077-18-5

Lässt sich die astrologische Weltsicht mit
moderner Wissenschaft vereinbaren? Der
Verfasser antwortet mit einem eindeu-
tigen Ja! Im ersten Teil setzt er sich kritisch mit der Astrologiekritik
auseinander. Er kommt zu dem Ergebnis, dass die Fundamente der
astrologischen Weltsicht den jüngsten Forschungsergebnissen der
Naturwissenschaft besser entsprechen als manche Alltagsvorstel-
lungen uniformierter Wissenschaftsmanager. Im zweiten Teil stellt
er Perspektiven seiner »Neo-Astrologie« vor. Aufgrund seines in-
terdisziplinären Ansatzes kristallisiert sich heraus, dass die Fünfzahl,
die logarithmische Spirale und der Goldene Schnitt die wichtigsten
Strukturprozesse im Sonnensystem sind. Daraus leitet er die »goldenen Aspekte« ab, die sich in der praktischen Arbeit schon vielfach
bewährt haben.

»Ich bin fasziniert von der Fülle und dem Gewicht des vorgelegten
Materials, der klugen Verknüpfung wissenschaftlicher und astrolo-
gischer Fragen und nicht zuletzt von deren wohltuend unprätentiöser
und uneitler Präsentation durch den Autor.«

Astrologie Heute Nr. 119